澡雪
春秋

何向阳 著

生活·讀書·新知 三联书店

图书在版编目（CIP）数据

澡雪春秋／何向阳著. —北京：生活·读书·
新知三联书店，2023.1
ISBN 978 – 7 – 108 – 07472 – 0

Ⅰ.①澡⋯　Ⅱ.①何⋯　Ⅲ.①散文评论－中国－文集
Ⅳ.① I207.6-53

中国版本图书馆 CIP 数据核字（2022）第 139209 号

封面题字　南　丁
责任编辑　陈富余
装帧设计　薛　宇　王汉军
责任印制　李思佳
出版发行　**生活·讀書·新知** 三联书店
　　　　　（北京市东城区美术馆东街 22 号　100010）
网　　址　www.sdxjpc.com
经　　销　新华书店
印　　刷　河北鹏润印刷有限公司
版　　次　2023 年 1 月北京第 1 版
　　　　　2023 年 1 月北京第 1 次印刷
开　　本　787 毫米 × 1092 毫米　1/32　印张 6.75
字　　数　109 千字
印　　数　0,001 – 3,000 册
定　　价　66.00 元
（印装查询：01064002715；邮购查询：01084010542）

目录

青衿无名

也许是某种在生命里隐匿已久的愁虑使我读《三王墓》时会有那一遍遍深入骨髓的似曾相识感。

《三王墓》故事里那个为赤复仇的侠客无名，在历史上，在文字中，都是一个未曾具体命名也不曾真实存在过的形象，鲁迅后来由此延伸的小说中称他为"黑色人"，也只是一种称谓，与他最早的诞生一样，并未有真名。正如一种概括，晋代对它以前年代尤其先秦时代战国时期的侠士的总括，或者一种浓缩，是无法具体到一个名字可以表达的。侠到了这里，才由聂政、豫让、荆轲等完成了一种浓缩和抽象，在一个没有实际侠士的时代，体验英雄不世出的最深沉方式可能就是这样一种抽象的记述与渗入其中的缅怀了。以上是就记述者角度说；若从侠本体的角度讲，我想这个无名者怕是早于聂政等以前年代的侠，或许是历史上最早的侠，因他活动的背景年代为春秋时期，在战国稍前。

最早的《三王墓》，也被称作《干将莫邪》，取"三王"之一——赤的父母——楚国最好的铸剑师干将与其夫人莫邪的名字命名。《列士传》《吴越春秋》《列异传》《孝子传》均有记载，情节同而角度异，但文字都相当简略。叙春秋时楚干将为楚王铸剑，剑成被杀，其遗腹子赤被母亲莫邪抚养成人，立志复仇，为楚王追杀，逃至深山，遇一侠客欲为其报仇，并以赤之头颅及赤之雄剑为请，赤自刎相托。侠见楚王，待其临汤镬观煮赤头时挥剑斩王头并即自刎，三头落入汤镬，煮烂而不可识辨，同葬而曰"三王墓"。这一民间到处流传的故事，于鲁迅辑《古小说钩沉》中有相传为魏时曹丕著《列异传》记载，言大致相同，只三处有差异：一是赤成人后得雄剑——"忽于屋柱中得之"（一般讲是从南山松，或堂前松中得剑），二是楚王梦见一人欲替父复仇一情节，是——"楚王梦一人，眉广三寸，辞欲报仇"（一般传说是"眉间广尺"），三是结局——"三头悉烂，不可分别，分葬之，名曰三王冢"，是分葬，而不是一般传说的合葬。不过细节之外，所叙意蕴及托寄合相一致，而更能托出那故事中的仇—赤与仇—楚王间的"第三者"侠的，却是详细记述着眉间尺山中遇侠一段的干宝的《搜神记·卷十一》，那记述历历在目：

> 王梦见一儿，眉间广尺，言欲报仇。王即购之千金。儿闻之，亡去，入山，行歌。客有逢者。
> 谓："子年少，何哭之甚悲耶？"
> 曰："吾干将、莫邪子也。楚王杀吾父，吾欲报之！"

客曰："闻王购子头千金，将子头与剑来，为子报之。"

儿曰："幸甚！"

即自刎，两手捧头及剑奉上，立僵。

客曰："不负子也。"

于是尸乃仆。

（注：为突出侠与赤的对话效果，笔者擅自将《搜神记·三王墓》文录分段如此。）

相传后汉赵晔曾著《楚王铸剑记》，遗憾没有读到，据说与《搜神记》所述完全相同。

此后又一千余年后，公元 1927 年，鲁迅先生在他发表的小说《眉间尺》中重又叙说了这件事。《眉间尺》是这篇不为传统鲁学研究者所重视，甚至整个《故事新编》读起来在他们习惯于作小说解的观念里都有点不可思议的"小说"初发表时的名字，收入集中后改为《铸剑》，而整部书的出版却是在鲁迅去世的那一年——1936 年——这时距他写作此文已时隔近十年流逝的光阴了。我是在高中二年级文科分班后读到它的，大约是1983 年，那时读的只是一个故事，领略不到一两年后进了大学中文系再读它时的复杂感受，那一层或多重的难以言传的东西迫使我在由大学到研究生期间的几年里不断地翻读，其实是向往从中体味那由铸剑的春秋直到现在我生命里仍在时时铸着的另一种剑，这种叠印的感动愈到后来就愈成为一种迫人的力量，使我分不清我是在读眼前的一些文字，还是在亲历或回忆自己也许是轮回前的一段人生。

　　眉间尺浑身一颤，中了魔似的……他站定了喘息许多时，才明白已经到了杉树林边。后面远处有银白的条纹，是月亮已从那边出现；前面却仅有两点磷火一般的那黑色人的眼光。

　　……

　　"好。但你怎么给我报仇呢？"

　　"只要你给我两件东西。"两粒磷火下的声音说。"那两什么？你听着：一是你的剑，二是你的头！"

　　……

　　暗中的声音刚刚停止，眉间尺便举手向肩头抽取青色的剑，顺手从后项窝向前一削，头颅坠在地面的青苔上，一面将剑交给黑色人。

　　"呵呵！"他一手接剑，一手捏着头发，

提起眉间尺的头来，对着那热的死掉的嘴唇，接吻两次，并且冷冷地尖利地笑。

那杉树林中的笑声与环绕于《铸剑》后半部的意思隐晦的歌词——作者曾就此于1936年3月写信给增田涉时说，其中的歌并非都是意思很明了的，因为这是奇异的人和头所唱的歌，像我们这样普通的人当然不容易理解——一样，让人久拂不去。

而上述为引用方便起见的省略号处对话的空白，其实恰是作者鲁迅本人灵魂深处的对侠超出历史的书写，这是不该在此省略的，那种一问一答形式所掩盖下的实际的自问自答，勾勒出的是从更深度的内心——诸如动机——所出的侠的理念。所以眉间尺的提问绝非多余：

"你怎么认识我？……"他极其惶骇地问。

那回答也简约到极点：

"哈哈！我一向认识你。"那人的声音说。

……

然后讲到了报仇。接着是眉问尺的惊问：

"你么？你肯给我报仇么，义士？"

黑色人此后的回答表明了他灵魂深处与他共处的执笔（也是一种形式的剑）人对侠的全然不同于世故的看

法，稍加注意的话，那答语是直面于提问并从三个层面展开否定的，接着那"义士"的称谓，是：

> "阿，你不要用这称呼来冤枉我。"
> "那么，你同情于我们孤儿寡妇？……"
> "唉，孩子，你再不要提这些受了污辱的名称。"他严冷地说，"仗义，同情，那些东西，先前曾经干净过，现在却都成了放鬼债的资本。我的心里全没有你所谓的那些。我只不过要给你报仇！"

关于剑与头两样东西提出之后，是眉间尺"一时开不得口"的沉默，这里，"奇怪"是与"狐疑"与"吃惊"两两分开的。

所以那回答相当重要。

> "你不要疑心我将骗取你的性命和宝贝。"暗中的声音又严冷地说。"这事全由你。你信我，我便去；你不信，我便住。"

谈话已然到了实质，问也愈来愈尖锐，动机必得显露了。读这样的文字犹如剖心，于话者、写者一样，是较推心置腹更疼痛的。

> "但你为什么给我去报仇的呢，你认识我的父亲么？"
>
> "我一向认识你的父亲，也如一向认识你一样。但我要报仇，却并不为此。聪明的孩子，告诉你罢。你还不知道么，我怎么地善于报仇。你的就是我的；他也就是我。我的灵魂上是有这么多的，人我所加的伤，我已经憎恶了我自己！"

在对"义士""同情"或因私交而报仇的三重动机的否定之后，侠士的为时间、历史、观念所重重覆盖的意义得到了擦拭。不是用水，而是用浓于它的血，用浓于水的血。1926年，正是这一年的3月18日，发生了北京各界人民反对日本帝国主义侵犯中国主权行为的集会抗议，也正是当天——段祺瑞竟命令卫队开枪，并刀棍追杀造成死亡47人、伤200余人的"三一八"惨案。1995年9月，我在北京居住在张自忠路，几次路过现为中国人民大学书报资料中心的属国家级重点文物保护单位的当年的段祺瑞执政府。无论是站在它仍具森严的门前，还是在它洒满了秋日阳光的梧桐浓荫里散步，都不可辨识当年与这祥和完全相悖的血迹。它们，如今，只存在于写《铸剑》的那个视遗忘的国民性为病菌的现代文学中独一无二作者的文章里，存在于《华盖集续编》中的《无花的蔷薇之二》《"死地"》《记念刘和珍君》以及《野草》中《淡淡的血痕中》《一觉》和那总括于此的《题辞》里。当然，作于1926年10月的《眉间尺》（《铸剑》）更是无法淡泊地于世事之外做出解释，虽然它用的是移来的古人、古事。这样的保存已经超出了记录，陈述对他而言，也成了那简练到不能再省略的对话外的赘语。侠客的出现，仿佛眉间尺的分身，那黑色人，不是寄托，起码在鲁迅心里不是，他只是眉间尺的另一灵性的自我，一个灵魂的存在，或者是那牺牲者的血泊与面对血痕不仅怆然更其愤怒的"一个也不饶恕"的誓言者自己。那黑体字的回答就是自白，对这样一种绵延于民族深层而几遭民族自己遗忘了的人格，对那被"同情心""私交"（报知己亦为其一种形式）或者顶着"义士""侠士"等外在的头衔的种种异化与误读的清算。背景之外，还有那作为主体的建立。毕竟，这部他所作的《故事新编》是以他所特有的方式"翻译"民族性格的工程之第一篇。这也许能成为我上述观点的又一证据。

它使侠有了贯通的可信性。在他的文字里活着，与他的生命相叠印。

在被鲁迅称为"民国以来最黑暗的一天"的 3 月 18 日之后的 20 天里，先生一共写了 8 篇短文，从《华盖集续编》与《野草》里我们不难找到那些日期，3 月 18 日、25 日、26 日，4 月 1 日、2 日、6 日、8 日、10 日，最后两个日期是收在《野草》中的；这种情景使我在翻读时经常陷入对以往阅读岁月的思索，收入中学教材（读本）的一些《野草》中的文字，如十四五岁背诵过的《秋夜》《风筝》《雪》，都一味地压抑凛冽，太过凄清，而无冰结的热烈；我是较晚接触到《死火》的，那种概括与自况让人读之是《秋夜》等篇所无法比拟的。长期以来一直奇怪于中学课本收录者的视角，那个最早在一个少年心目中以作家形式存在的文学史，那个以作品在一个稚幼的意识里打下的第一道痕迹，该是怎样的呢？以什么样的标准，如果真有标准的话，或者最起码的对事实尊重的依据；记忆中的中学教材里没有《复仇》《影的告别》《过客》《死火》《墓碣文》《死后》，甚至《这样的战士》《淡淡的血痕中》《一觉》，也许是无法承受那种艳冽附加之上的撕裂感，不是指十四五岁的少年学生，也不只是那编选教材的人，而是这一民族遗传到了不自觉状态的一种几近本能的对苦痛的拒绝。如果我是一个中学毕业后即报考了理科专业的学生，如果我没有选择中文为专业或者大学毕业后（前面的问题同样存在于中文本科专业书中）没有因对文学的挚爱而从事于其他工作——不继续于我现在的文学研究专业，可能会因为那几乎是删除了现代文学中最菁华的少年课本的误导而与一位诞生于最黑暗处的真正思想者失之交臂。对于3月18日的事件，中学课本里选了《记念刘和珍君》，这篇记叙文的范例仍标识着血迹的浓度，虽然这是鲁迅先生在记述那一事件时的很压抑的文字，语气也因之较为平和——离事发当天已有两星期过去了，作为一篇为抵抗快要降临的"忘却的救主"的白发人送黑发人的悼文，也是追述大于激越的，但仍可触到那不惮于的姿态。

这一姿态，与写于《铸剑》同时期的《野草》证明了前文中侠超出背景部分的，是《复仇》《复仇（其二）》，那不顾看客的将要拥抱将要杀戮的"他们"对立于广漠的旷野之上、裸着全身、握着利刃的形象是寓言的，而《复仇（其二）》中的被钉上十字架、悬在虚空中的"他"却是宗教的，好像是《铸剑》那黑色人的分身，或是前身。鲁迅的侠士总是无名的，着青衣的黑色人，他们，他，没有名姓，仿佛历史中周游于各个时代的影子，一个不需要现实命名定位到具体的永恒者；而这种无名状态也正是侠这一文化在中国主流文化中命运的缩写。较之历代文人的总结，鲁迅先生更彻底到连"侠士"这个词都不用，《铸剑》的史的缘起《三王墓》里还以"客"来做侠客的代称，那么到了《铸剑》则连这样一个语词都遭到了回避，正如黑色人对"义士"的否定——"你再不要提这些受了污辱的名称"，这是不同于侠文化史中的以立名以荣誉作为目的的侠的，鲁迅在此与侠文化内部的侠也划清了界限；另有一个侠——有着"无名"的自然，而且有"不为名"的非功利的对"报知己"这一传统信念放弃后的对复仇精神本质的提炼。有时这个"他"，是猛士；有时，是"过客"。总之"他"从不执于一种"名"下而为哪怕是精神意义的外力所左右而行事，这个"他"，仿佛先生自己的化身。

但仍有一点稍稍的不同。

猛士的形态，是现实性多于哲学性的。如："真的猛士，敢于直面惨淡的人生，敢于正视淋漓的鲜血。"是与居于现实层面的"苟活者"相比的："苟活者在淡红的血色中，会依稀看见微茫的希望；真的猛士，将更奋然而前行。"（《记念刘和珍君》）是叛逆于时世的，是与"造物主"相悖离的，如："叛逆的猛士出于人间；

他屹立着，洞见一切已改和现有的废墟和荒坟，记得一切深广和久远的苦痛，正视一切重叠淤积的凝血，深知一切已死，方生，将生和未生。他看透了造化的把戏；他将要起来使人类苏生，或者使人类灭尽，这些造物的良民们。造物主，怯弱者，羞惭了，于是伏藏。天地在猛士的眼中于是变色。"（《淡淡的血痕中》）

过客的形态，哲学性则大于现实性。如《野草》中唯一诗剧形式的《过客》中过客角色的人物表介绍几可视作是黑色人的前身——"约三四十岁，状态困顿倔强，眼光阴沉，黑须，乱发，黑色短衣裤皆破碎……"；足见黑色为作者偏爱的程度，而不仅是外形的相似，更有剧中客答翁问时的例证——那对称呼的回答——"我不知道。从我还能记得的时候起，我就只一个人。我不知道我本来叫什么。我一路走，有时人们也随便称呼我，各式各样地，我也记不清楚了"——仍然可视作对"无名"精神的注释。有伤、有血、"我愿意休息"、"但是，我不能"、"还是走好"的总是息不下的行者，正好被过客这一形象包裹，也是那猛士的含伤前进的一面。

还有战士。如果可以称之为一种形态。那个走进无物之阵、"毫无乞灵于牛皮和废铁的甲胄"、"只有自己，但拿着蛮人所用的，脱手一掷的投枪"的战士，在各式各样的"点头""旗帜""讲说""外套"面前，总是一副不变的姿态，鲁迅在一篇不足千字的文章里，竟连用了六次之多这同一个句式——"但他举起了投枪"；与其说表白一种不变的信念，不如讲是亘古未改的本能。战士只是这本能体现的一种外观，如猛士、过客一样。

三种形态不仅成为黑色人（《铸剑》中人物，鲁迅先生本人也是喜着黑衣的）所代表着复仇精神的侠之内核的演绎，而且，在对传统侠士观念的去除中将侠之理念在更新中注入了更加深厚的底蕴。历史走到了心灵的深层，而且又那么具有难以替代的个体性。动机的考证与人格的生成终于达到了一次交叉，默契所产生的沉冥也带上了一层肃穆的黑色，这就是同时期于《铸剑》的"侠"的探索阶段会有的那般深色的梦。"我梦见自己在冰川间奔驰"（《死火》）；"我梦见自己在隘巷中行走"（《狗的驳诘》）；"我梦见自己躺在床上"（《失掉的好地狱》）；"我梦见自己正和墓碣对立"（《墓碣文》）；"我梦见自己在做梦"（《颓败线的颤动》）；"我梦见自己正在小学校的讲堂上预备作文"（《立论》）；"我梦见自己死在道路上"（《死后》）；当翻读这些《野草》中下标 1925 年 4 月 23 日至同年 7 月 12 日的文章时，有一种心悸，无法猜测先生当时的心境所指，却仍能触到那灵魂深层已"全体冰结""毫不摇动""像珊瑚枝"枯焦而又有"炎炎的形"的凝固火焰。

期待着后世的一天那个取了它将之重又变成永得燃烧的人。那个人同样不怕终于"碾死在车轮底下",在面对碎骨之疼时仍能将心髓的痛楚化作大欢喜和大悲悯。只这个人,才能将这个民族复兴之梦携出冰谷。

这个人,是谁呢?

20世纪50年代,美国心理学家A.H.Maslow(马斯洛,1908—1970)在他的《动机与人格》一书第六章曾提出"似本能的基本需要"这样一个概念,置于"基本需要的似本能性质"这个题下,还有"似本能的冲动之满足"的相关提法,心理学家没有做出界定或者解释,在长于描述的文字里却有如下一段话做着补充——如果可以这样理解的话——"随着进化的发展,"他说,"随着这种进化的发展,当我们在种系阶梯中上升时,我们可能会逐渐发现新的(更高级的)欲望,发现另一种本能,它在本质上是似本能的,即在强弱程度上由机体结构和作用所决定的。"[1]侠士在气质与本质上的所是,使我想

---

1 [美] 马斯洛:《动机与人格》,许金声等译,北京:华夏出版社,1987年,第101页。

16

到这句话所延伸出的一些意思，"似本能的需要"在此可理解为更内在的需要，与遗传或体质有关或者无关均无足轻重，重要在游移于（似）本能需要与高级需要（马斯洛的另一心理学概念，除本能外的发展层面的需要，最高代表是自我实现等）之间的人所同时兼具的创造者与观察者身份，心态是胶合状的，正如他体内本能与理性的胶合，在这一类人身上，那用于划分生存价值与成长价值不同范畴的标准是不存在的，代表成长价值的高级需要在这里具有某种深层的还原性——向生存价值范畴中的（似）本能需要还原，两种需要的界限消失后是同一性的实现，这里不存在冲突、间隙和这之上的磨合，而是自然的同一重叠，所以更确切说，这类人只有一种核心需要。相对于这一需要来说，其他各种一般人身上必有的划分，或者那些对需要的纯符号性的称谓，都已不再是计量中的了。

在20世纪心理学者有关人本的发现中，我们可以看到现代意义的自我实现者与两千多年前的侠士在个人品质上的吻合，这种吻合使得不同区域空间不同世代的群性类比不是匪夷所思或者凭空捏造，譬如：特点一是用来描述自我实现者特征的——超然独立的特性，离群独处的需要，以及轻视和不在乎外在环境的能力，自由意志等；特点二是自主性，对于文化与环境的独立性，以及积极的行动者，并且已足够坚强的自我——能够不受他人的赞扬与自己感情的影响；特点三是二者共有着一种类型的人际关系，即在很高的选择标准下，只与少数几个人有特别深的联系，朋友圈子狭小，深爱的人数量更少；特点四，是对文化适应的抵抗——在深刻的、意味深长的意义上抵制文化适应，内在地超脱于包围着他们的文化，且与文化分离的内在感情大多是无意识或下意识的；这是他们的共性。然而比较中我发现，侠士与自我实现者的不相重合处，明显在如下两点：一是侠士的精神自我的发展是在匮乏性动机所带来的满足缺失情况下的成长性动机的满足，也就是说是在诸如安全、爱等基本需要满足空缺时的个人发展与自我实现，这种共性缺失之上的成长性满足及与之相应的个性实现基座的脆弱性恰又代表着整个中国文化人格实现的特点，在不只侠而包括世代许多杰出人物身上我们都会看到这一点，以至日渐成为我们文化要求的一部分，但从理论上讲，这种文化要求不能不说是一种个性的畸形实现；二是侠的民主的性格结构的不完善，这是与自我实现者相对而言的，侠在本意上是要以行侠仗义消除特权，这起码是反叛集权主义的，这使他的敌手总是统治阶层所代表的集权，但他的行动却实际受制于另一种统治势力，后者仍有一定的集权性，这种外力之外，还有他与生俱来的内在性，即他的行为方式无法不是以一种新权的实现来打破旧权，所以刀剑与血腥成为惯用的处理问题的方式，虽是个人化的，却也反射出极大范围内的社会心理，在改良被认为是对一个时代的不适宜甚至是迂腐僵化的思想时，这种性格结构则获得了它广袤的土壤并且极易作为一种文化原则固定下来。

公元前4世纪"聂政刺韩傀"的史实，最早记载在《战国策》上。《战国策·韩策二》是站在一事件发生始末的角度作一交代的；比较其后汉代司马迁的《史记·刺客列传》中的同一节就更证实这一结论，后者是站在人物的角度为侠列传的。所以比起复述那个"士为知己者死"的人人皆知的故事，将两本史录放在一起也许更有意义，当然这意义已不只是角度的区分。

"聂政者，轵深井里人也。杀人避仇，与母、姊如齐，以屠为事。"这是《刺客列传》聂政之事的开头，严仲子与韩相侠累的政治矛盾是放在此后引入的，不像《韩策》中起端就是"韩傀相韩，严遂重于君，二人相害也"的太过具体的政治背景；它所反映出的并不单纯是历史的讲述方法问题，或者只是讲述者——史传人的态度，这里面，更是一种时代文化的分别。战国时期所记载的本时代的事迹因其时代所限必须是公允的以事件为主体的态度，冷静客观之外，是容不下一丝主观评判的气息的；汉代是记叙前代的往事，因有了时间的距离而不惮于个人性情参与其中，更重要的是作传人恰是受秦、汉以来实际上作为文化主体的楚文化精神影响最烈的一个人，这一点，司马迁在《项羽本纪》中已将他个人的与文化相叠合的浪漫气质发挥得淋漓尽致，聂政一事是不可能在他的笔下有什么悖反的，这是意料中的事，也是性格使然。所以严、韩之仇成了被推而再推的远远的衬，他们在历史给定的窨菌的镜头里所起到的作用现在看来不过是要完成聂政形象特写的道具，或者活动布景，而《韩策》却无法做到这种一笔带过，它忙于交代，以致本应成为背景的事件湮没了人，这大概就是两种历史观——记述过去与指涉人心的截然不同。司马迁的记叙方式使他自己便于把聚光打在那一刺的亮点上：

……遂谢车骑人徒，聂政乃辞独行。

杖剑至韩，韩相侠累方坐府上，持兵戟而卫侍者甚众。聂政直入，上阶刺杀侠累，左右大乱。聂政大呼，所击杀者数十人，因自皮面决眼，自屠出肠，遂以死。

《韩策》的记述虽繁复，却可作为它的补充，是：

> ……遂谢车骑人徒，辞独行。杖剑至韩，韩适有东孟之会，韩王及相皆在焉。持兵戟而卫者甚众。聂政直入，上阶刺韩傀，韩傀走而抱哀侯，聂政刺之，兼中哀侯。左右大乱，聂政大呼，所杀者数十人。因自皮面抉眼，自屠出肠，遂以死。

《韩策》的史录勾描与《刺客列传》的简约速写一起，把历史幕布上有关人格力量下的仗义行动的一瞬定格为永恒；然而事情还没有完，下面发生的故事使聂政一事一人超出了他同时期亦为后世视作单面英雄的侠士的，是聂政姐姐聂嫈的出现。

聂政自毁其容剖腹而死，韩列侯下令将其陈尸街头，为认出刺客而作千金悬赏，举国上下，无有识者；聂嫈听说，立刻想到是自己的弟弟，在司马迁的记载里，是连贯的几个表示动作的词——"立起，如韩，之市"，待认出果真是弟聂政时，则"伏尸哭极哀，曰：'是轵深井里所谓聂政者也。'"不顾自己的生死而为其弟扬名。在市行者的好心劝告下，聂嫈以如下坦然的对答表现出不逊于其弟的果敢与刚烈，她说出了那个视荣誉为最高价值的侠却要自毁其容的谜底的最深层，"然政所以蒙污辱自弃于市贩之间者，为老母幸无恙，妾未嫁也。亲既以天年下世，妾已嫁夫，严仲子乃察举吾弟困污之中而交之，泽厚矣，可奈何！士固为知己者死，今乃以妾尚在之故，重自刑以绝从，妾其奈何畏殁身之诛，终灭贤弟之名！"（《史记·刺客列传》）聂嫈的话虽然史传不一，但终是传达了不忍爱其身而灭弟之名的气节，这也许是那个时代的女子所能够把勇气发挥到的最大的限度了，这也是一种侠的精神，其为人为事，在当时就"大惊韩市人"。做人做到了这一步，聂嫈是"乃大呼天者三，卒于邑悲哀而死政之旁"（《史记》），还是"抱尸而哭""亦自杀于尸下"（《战国策》）的追究都是无意义的了。

　　然而聂嫈的话却透露出了一个"情"字，与聂政一事的起始相应，让我们回忆起聂政之所以一开始回避并拒绝了严仲子复仇的那个理由，是母亲。"老母在，政身未敢许人也。"那话确是这么说的。此后发生的一切证明了那理由是由心而发的而绝非推辞。这里，在聂政的心里，或说是在聂政人格结构的深层，"孝"是居于"义"之上的，尽了"孝"之后（母以天年终），才"将为知己者用"而西至濮阳见严仲子，主动问及严要报仇的姓名"请得从事"，并在得知仇人是韩相之后便将严的事情全部揽在一己担上，不带一车一人，仗剑只身前往；而在尽了"义"后，又最后考虑到姊姊的生命安全而不要那会给亲人带来不幸的"名"，排在"义"的完成之后的，是"情"。而传统观念中一说到侠，就是一味的冷和无情，所以，聂政一事的文化内涵超越了此前此后对侠的定位的误解，无情未必真豪杰，聂政能让一个念头在心里暖着，数年后仍能主动去践约，而且在他心理人格层次中，唯独舍却了"名"（别忘了这也是任侠的声誉追求的重要部分），"孝"与"义"与"情"又都实现得那么层第鲜明。这在战国时代，包括《史记》所述的刺客游侠中是一独一无二的例子，是在侠观念的内部对已有侠定势的否定和对侠观念的另一向度的补充，也在人格上将侠自我实现中的偏执与弊病的消耗性代替为生长性的人格完美与完整；尤其是后者，人格的完整，证明了侠的自我实现过程中的更深层的非一己性，而不仅仅是外部可见的替人行侠置自身于度外的表面的无私，这一点，是相当重要的，对侠的人格重建也是一积极面的补充。有了这"情"的一面，侠的"义"才不会被理解为传统所习惯于看的那样——义不容情，后者在侠观念里几乎成了占主体的人格铸型；"义"对"情"的包含，在使侠的形象丰满起来的同时，也印证了一个新的观点——20世纪人本心理学的有关自我实现的完整人格观，侠的不畸形与之相对应，对于扳回或改变国民性中认可的杰出人物的成长性价值满足与个性实现必得建立在共性——诸如爱、安全等——基础需要缺失之上的前提大有益处。而对违背一切人性已成了外物的"名"的拒绝，也是对上述我曾提到的侠人格结构中反集权意图与集权意志的行为化实现的矛盾的一个很好的解决渠道。这个意义当然已越过了方法论的范畴。

孝、义、情于侠人格中的胶着状态使侠这一形象更凝重了。个人品质的统一性而不是分裂，则反映了一种更完善的人性观，这人性观是有关英雄的，是杰出的正常而完整的观念。有意味的，这一观念是在汉代——距今两千多年前就提出的。聂政，在那个产生思想同样也产生巨人的时代，以自己的行为，有幸成为这一人格的代言。

两千三百余年后，聂政一事以诗剧的形式得以复活。而引起我注意的是诗剧著者郭沫若涉入聂政一事的创作过程。如果不算 1919 年 11 月发表的儿童诗剧的话，写于 1920 年 9 月 23 日的诗剧《棠棣之花》即是郭沫若最早的戏剧创作了，而郭本人也倾向于称之为从事戏剧的 9 月，并说是受到歌德的影响。这部自从译完《浮士德》第一部后的郭一生创作中的第一部剧作《棠棣之花》，发表在创刊于当年 10 月 10 日的《时事新报》的《学灯》副刊上，《女神》和《创造季刊》都给予收录或发表，郭不隐讳其间也有的莎士比亚痕迹；到了 1925 年"五卅惨案"后，郭受之震动重写这一题材，取名《聂嫈》，这时已是史剧形式的两幕话剧，它的产生一方面直接源于对五卅悲剧的"血淋淋的纪念"（郭语），聂嫈抚尸痛哭的举止里何尝没有目睹了那一现实惨剧的郭的心理在里，然而我想更重要的是擦干了血迹的前进；此后是 1937 年 11 月的五幕剧《棠棣之花》，又重新恢复到起初诗剧时的名字，直至 1941 年 11 月定稿，于 1942 年 7 月由重庆作家书屋出版；整个创作前后历时 22 年，相对于一生而言，尤相对于一生中的创作时间而言，这是一相当长的时间概念，22 年，是人的四分之一生命的时间。为什么，郭会这样长久地迷恋一个战国时期——已与他生活的年代相距两千年的历史事件呢？让他着魔的，真只是事件本身吗，我不信。

不愿久偷生，但愿轰烈死。

愿将一己命，救彼苍生起。

　　这是《棠棣之花》中聂嫈唱的歌。

　　关于聂嫈，似乎还有要说的话。于每一国运关键时刻，必要的人格回溯，总有它重提的现实性。聂政一事，史书记载地点、时间、刺杀过程不一，然而手中除可供参照的《战国策》和《史记》外，《竹书纪年》没有看到，这部晋太康年间出土的魏国国史（现存为明人所伪撰）里又怎样说起这段往事，暂时只能是一个谜，或许有一天会被另一个更幸运的人所揭示。我今天所能致以敬意的，只是那并非人人皆知的地名：

　　轵城（今河南省济源市东南轵城镇），聂政出生地。

　　临淄（今山东省淄博市西北临淄区），聂政隐避地。

　　濮阳（今河南省濮阳市西南），聂政受命地。

　　东孟（今地不详），聂政殉难地。

　　这些位于中原的地点，似乎也同时藏着一个待破译的更深的秘密。

　　我说过，人格的绵延以至重提，里面藏着的是最具体的现实，集团的，个体的，距郭著50年后，我读到一篇记述南阳汉画馆的短文，里面谈到了聂政刺杀韩相侠累的一块汉砖——"割去自己的鼻子，剜掉自己的嘴唇，毁了自己的面容，没有听到呻吟，然后自刎。……你对自己的处置如此从容"。[1] 从对那画面的表述中推断，聂嫈不在画面上，然而那嘶哭与倾诉却越过时空，响在作者耳畔——这是轵城深井里村的聂政呵；以屠狗为业的聂政，"侠累肯定是你杀掉的最后一条恶狗了吧"。[2]

20 世纪 80 年代末 90 年代初，我曾两次去南阳汉画馆，那些将正义融入了艺术的立体的历史更是让我流连，在感知一个时代——汉代不仅出了司马迁《史记》的文字记录，还出了大规模的以绘画艺术形式写史的创举——的恢宏的同时，也带有未能找到那块记述聂政生命最壮烈瞬间的画砖的遗憾。那用以铭刻的动作与铭刻下他的那人是怎样的呢，我忍不住要问，却明白，那画面，在我心底，已经印得很深了。

较聂政稍后的荆轲则更极端些。

"荆轲刺秦"的画面是在河南美术出版社出版的《南阳汉画像石》画册中看到的，粗犷简略的手法正与荆轲本人的骨壮体烈相映衬；历史上对这段故事的文字

---

1 南丁：《晕眩》，《随笔》1993 年第 6 期。
2 同上。

记述首见于《燕丹子》一书。这部大约在秦汉之时创作的三卷本小说的作者现已无从考证了，然而就是这部明代胡应麟所称的"古今小说杂传之祖"也是中国最早的历史侠义小说，详尽叙述了那段后来人们口口相传的历史——燕国太子丹为秦人质时曾遭受奇耻大辱，逃回国后一直考虑报仇，他拒绝了鞠武合纵抗秦的建议，而谋求侠客刺杀的方案。经田光介绍，他结识了荆轲，将其待为上宾。荆轲带了秦国所追逃犯樊於期首级及藏有徐夫人匕首的燕国督亢地图来到秦国，诈献图以行刺；图穷匕首现，荆轲手持匕首，击打秦王胸脯，历数其贪暴不仁。秦王在乐师提示下拔剑断袖，得以逃脱。荆轲以匕首投掷秦王不中，被秦王斩断双手后，仍大骂秦王，悔自己一时失手而致大事不成。现存小说到此戛然而止，可能有脱文，不过也与作者一样暂不可考了——中华书局1985年版程毅中点校的《燕丹子》，到了这里也只能保留空白。

幸而有《战国策》可供比较。《战国策·燕策三》中所交代的事件始末与《燕丹子》大致相同。沿用的仍是这一史书一贯的做法，从事件入手，同时以事件为中心的叙述，然而人物却也随事件的展开而依次出场——太子丹、鞠武、田光、荆轲、樊於期、秦舞阳、高渐离，而在行事之前就已有田光为示不泄国事的自刭，有樊於期为报日夜切齿腐心仇的不惜于头颅的自刎，在人人都以自己的特有方式决绝地明志而物质条件似乎也已具备——荆轲拿到了已淬了毒的伤人即死的徐夫人匕首，燕太子丹为其配备了13岁即杀人、人不敢忤视的勇士秦舞阳作为助手，秦王以千金求购的樊於期的头更是早已函封好，还有秦王嬴政同样日夜思慕的燕督亢地图荆轲也已携在身上——然而长久以来引发我兴趣也令我相当不解的一句话出现了，是在这一切之上的被燕丹子视为踌躇的"有所待"："荆轲有所待，欲与俱。其人居远未来，而为留待，顷之未发。"此后的情节是燕太子丹的怀疑和荆轲因这误解而引出的火气："今日往而不返者，竖子也。今提一匕首，入不测之强秦；仆所以留者，待吾客与俱。今太子迟之，请辞，决矣。"接着是出发，是著名的易水送别。从上下文分析，我们无法确知荆轲要一直等待并视作可以一同去完成刺秦任务的人是谁，史书也都无法补上这一段，只能推测荆轲所待之人与他心底隐隐对秦舞阳这位燕国勇士的不信任相关。后来被历史证实了，一个13岁杀人的人竟至在咸阳宫中"色变振恐"。这个人，也不是他的好友高渐离，因为此后的易水一节，高是在场的，而且"高渐离击筑，荆轲和而歌"，无不悲怆；那么，那个荆轲心目中能协助他完成使命的人是谁呢？史书上没有记载，荆轲也没有说，后代历史学者更未就此有猜测者。我相信荆轲当时的等待绝非推辞——这也是此后就证明的。这个人，这个因为燕太子的催促而没能让荆轲等到的侠士，这个也因自己的延宕而使自己痛失在历史上留下精彩一笔的刺客，这个或许会因为他的到来他的参与而改变历史进程的刺客，最终只能因自己的迟到而作为历史上的失踪者了。但是我常想，如果决定一事件的瞬间不是这样而是那样又会怎样呢？那个人，如果果有其人，只是因为迟到或是谋事的早行而错过，那么他赶到之后又会有怎样的行动与心情呢？或者当他耳闻荆轲未成事后，会有怎样的悔恨（或者庆幸）？这个人，恰是我每抚《战国策》《荆轲刺秦王》一章所要想的，这个人，无名，像所有未成名前的刺客一样，或者就是他们的影子。数年之后，荆轲未竟事业的继承者是高渐离，击筑不成，事业仍未竟，然而未见有哪个人再来完成，于是，荆轲那一刹那的犹疑与决断成了断章，那个他满心所待之人，也随之成为一个谜。

相对于《战国策》纯事件记述的基调，《史记·刺客列传》中的荆轲这节延续了太史公一贯的风格，也是

《刺客列传》中最长的段落，史之主观性在此得到了最完善的发挥。比照《燕策》的事件始末角度，《刺客列传》中荆轲一节的前五分之一都是个性入手的素描，而后才进入事件，大致情节与《燕策》同，但更详细，尤其是对话，太子与鞠武、太子与田光、田光与荆轲、太子与荆轲。有关谋事的准备已无须再引，令人印象深刻的是司马迁对荆轲的个性特点与行为方式的介绍，这是《燕策》和《燕丹子》所缺乏的，即对一个人之所以能做出那场历史所选择或说那场生命所给定的事的最本质的追述与探讨，这仍然不是事件之外的。

这个卫人谓之庆卿、燕人谓之荆卿的人，好读书击剑，这是司马迁对荆轲的评价，围绕于此，他举出三个例子：之一，是榆次论剑，盖聂怒而目之，荆轲出，复驾而去；之二，是邯郸之博，对手是鲁句践，鲁句践怒而叱之，荆轲嘿而逃去，遂不复会；之三，是燕市和歌，这一节写得最好，"荆轲嗜酒，日与狗屠及高渐离饮于燕市，酒酣以往，高渐离击筑，荆轲和而歌于市中，相乐也，已而相泣，旁若无人者"。与荆、高后来易水和歌相呼应。三个例子文字都不长，荆轲的处事为人却已跃然纸上了。个性之外，是品质的点睛，"沈深好书"，是太史公不太轻易用的形容；而一个侠士也确少有人能配得上这个形容。

后来发生的事似乎人人尽知了。那条之前名不见经传的易水亦因此而得名。

那印象也如易水一般是冰寒彻骨的。荆轲受不了燕太子催促话语里暗含的对他勇气与胆略的不信任，宁肯放弃等待他所要等的同行者也要坚辞出发。印象中的临行总是在冬天，大雪纷扬，先是一两人的白袍衣袂盖住人眼，然后是一缓缓摇出的大全景：

> 太子及宾客知其事者，皆白衣冠以送之。至易水之上，既祖取道，高渐离击筑，荆轲和而歌，为变徵之声。士皆垂泪涕泣，又前而为歌曰："风萧萧兮易水寒，壮士一去兮不复还。"复为羽声慷慨，士皆瞋目，发尽上指冠。
>
> 于是荆轲就车而去，终已不顾。

记忆中总有雪，拂之不去。

《史记》与《战国策》除这一节相同之外，还完整取了它紧接下来的"图穷匕首见"的叙述，甚至无一字改动。在咸阳宫，荆轲顾笑脸色已变的秦舞阳后的那一刹那，其实已明白了这场表演的结局，然而他仍能含笑看它如何到来。这种处之泰然的优雅常常令后来读到这一段的人坐而震惊，不免想到《史记》中的一条"正义"，那"注"印证了一种选择的根据——《燕丹子》云："田光答曰：'窃观太子客无可用者：夏扶血勇之人，怒而面赤；宋意脉勇之人，怒而面青；舞阳骨勇之人，怒而面白。光所知荆轲，神勇之人，怒而色不变。'"这种根据其实也是对侠之层次的评价，其间当然有不可忽略的人格意。

荆轲笑了一下，对秦舞阳的变色。然后：

> 轲既取图奏之，秦王发图，图穷而匕首见。因左手把秦王之袖，而右手持匕首揕之。未至身，秦王惊，自引而起，袖绝。拔剑，剑长，操其室。时惶急，剑坚，故不可立拔。荆轲逐秦王，秦王环柱而走。群臣皆愕，卒起不意，尽失其度。而秦法，群臣侍殿上者不得持尺寸之兵；诸郎中执兵皆陈殿下，非有诏召不得上。方急时，不及召下兵，以故荆轲乃逐秦王。而卒惶急，无以击轲，而以手共搏之。是时侍医夏无且以其所奉药囊提荆轲也。秦王方环柱走，

卒惶急，不知所为，左右乃曰："王负剑！"负剑，遂拔以击荆轲，断其左股。荆轲废，乃引其匕首以掷秦王，不中，中铜柱。秦王复击轲，轲被八创。轲自知事不就，倚柱而笑，箕踞以骂曰："事所以不成者，以欲生劫之，必得约契以报太子也。"

这段今天展卷依然令人目眩的文字里，没有对变色的秦舞阳再费一字笔墨，却写荆轲，又一个"笑"字，是身负八创知事不就后的倚柱而笑，正与秦王及群臣的三个"惶急"相对，也与他自己刚入殿时对色变的秦舞阳的回头一顾相映；他终于看到了那个他在易水边用歌唱出的结局，在舞阳的色变中他再次预知了这个结局，如今，它来了。

面对那迟早要来的命运，那早已预备好的不复还的死，荆轲笑了。

他知道，他为它所掳去的同时，也战胜了它。

其后发生的事其实也是不用再费笔墨的，幸逃一命的秦王后来的举动让人恶心，他论功赏赐，发兵伐燕；而国破家亡、疲于奔命的燕王喜，竟至采用代王嘉的建议，使人将自己的亲生儿子太子丹杀死，并起意将尸首献于秦。然而就算这般下贱也未能摆脱五年后的倾覆命运，杀了自己儿子的燕王喜仍然做了秦国的俘虏。

父子尚且如此薄情寡义，太史公似乎是故意将那已然终结的故事再延伸出一个线头来，以朋友间的默然诺许来反衬上层贵族的孱弱，并生生要为那不义又混乱的世界理出个头绪。这是在燕国灭亡，秦王兼并天下统一中国立号皇帝之后，在太子丹、荆轲被逐被杀之后，隐匿于宋子故城的高渐离出现了。因了他的出现，历史上常不容于当世的侠义又多了一笔。

先是他的击筑使闻者皆惊，"击筑而歌，客无不流涕而去者"的消息是与识之者的"高渐离也"的提醒一起传到秦始皇也是当年秦王嬴政的耳朵里的，在后来看，这未尝不是他有意打入秦府并接近仇人的方式，那仇人因喜音律而对他的重赦和为防范所做的矐目（一说用马屎熏至失明）都扯平了。带着一个复仇的念想，高渐离仍能将筑击得完善，击得从容。那秦始皇也是通音律的——在荆轲刺他一节中就有"乞听瑟而死"的缓兵之计，《燕丹子》讲述那被召姬人的琴声是"罗縠单衣，可裂而绝；八尺屏风，可超而越；鹿卢之剑，可负而拔"；虽然那奋袖起屏风走之的行为不一定是受了鼓瑟的启发，甚至负剑而拔也不全是琴师的功劳——《史记》中就讲是左右的主意——但也从一侧面表达了秦王一定的音乐修养，秦汉之际著下的《燕丹子》在此情节上有想象，却不可能全属无稽。通音律的秦始皇听出了什么吗？那隐藏很深却不可能不颤动于筑之击中的恨与复仇之意。这是史的空白，是只能凭空猜测的，然而击筑的目的没有因时间的流逝被淡忘。

于是有了那相近的一幕。

> 稍益近之，高渐离乃以铅置筑中，复进得近，举筑扑秦皇帝，不中。于是遂诛高渐离，终身不复近诸侯之人。

《史记》的这段记述较《燕策》详细些，然而也是简略。那个叫嬴政的人还活着，却连自己的诸侯都不敢接近；荆轲却在死后，终于等到了他的朋友。

这是公元前227年至公元前211年（？）的事，然而却不断为此后的各时代所传颂。这种现象，仅仅是对一历史事件复述的习惯吗？那讲述的热情里面又仅仅是对一种公认的不畏强暴敢于入不测之强秦的侠士的感念吗？荆轲明明早已看出了失败。所以他笑，他用笑去赢得意义。而荆轲的两次笑也呼应了田光的一笑——在太子丹踌躇谋刺之事而有求于田光寻荆轲又叮嘱田光本人勿泄此密的慌乱里，田光"俯而笑曰：诺！"——总有一诺千金的成分，哪怕深知事不成的结局——这是司马迁都不愿承认的，却有"风萧萧兮易水寒"的歌词预言在先。这三次不同场合不同处境不同人的笑，却是对那结局了然于心的自信，不是对一功利事实把握的自信，而是对自己用以肩负使命本身的人格自信，所以那意料中的结果也变得无关紧要。这是历史一直在回避的，也正是深深打动了我的，不是单纯的政治性的勇敢，或维护侠士尊严生死置之度外的高贵，它们其实都被包含在一句话里，很普通也很耐咀嚼，是——知其不可而为之。

知其不可而为之。冷到了炽热再把热化作硬的铁，西方文学中直到一千年后才出现这样的人，堂吉诃德这个半虚拟的形象才给西方文明注入了这种精神。同是西班牙籍的作家米格尔·德·乌纳穆诺对他的祖辈塞万提斯所创造的人物的评价，使我找到了说荆轲的一个曾一直不好表达的线索。他说，堂吉诃德的困惑不是时代而是他自身，"梦想与体验，高贵的理想与卑贱的实在、目标的清纯与不能达到的作为的不安"，堂吉诃德的战场不是现世而是灵魂，"他的灵魂挣扎着想使'中古世纪'从'文艺复兴'的扩展当中保存下来"[1]。面对历史发展的大的方向与趋势，荆轲的一刺是否也带有同样的光荣与荒谬呢？或者他早已看破，那英勇不屈与桀骜不驯包含着的不可为而为，其实就是为了一诺的收回，只是这收回的形式是以生命为抵押的，这一点，荆轲何尝没有看透，所以那两个笑，显示着从容，赴死的心意已定，谁还能再掳去他不迫的自由？由此，他超过了那个举事的叫丹的太子，也胜了那个后来称帝的嬴政。

然而有一点也是必须提到的。

荆轲在答应太子丹时，提出了两个条件，也是他向太子丹要的两样东西，一是樊将军首级，一是燕督亢地图。作为刺杀行动的一部分，丹满足了他，并附加了不可缺的行刺工具——徐夫人匕首，还有一个名叫秦舞阳的副手。关于首级与地图，却让人自然联想到《搜神记·三王墓》中的类似叙述，那无名侠向赤索要的也是两样类似的东西——一是赤的头，一是赤的剑，上文引述的《铸剑》中黑色人主动要替赤报父仇而向赤索要的也是这两

1 [西] 乌纳穆诺：《生命的悲剧意识》，哈尔滨：北方文艺出版社，1987 年。

件物什，只是那是为杀楚王备下的。而且在刺客提出这两样东西时——尤其是那头颅——无论是赤，还是樊於期，同是一样地毫不迟疑。据早于《史记》的《战国策》载，樊於期听了荆轲的刺秦计划中要以自己的头为觐见秦王的条件时，"偏袒扼腕而进曰：'此臣之日夜切齿腐心也，乃今得闻教！'遂自刭"。据源于《三王墓》的鲁迅先生《铸剑》里讲，面对剑与头——那黑色人的要求，眉间尺也表现出同样的果决，"暗中的声音刚刚停止，眉间尺便举手向肩头抽取青色的剑，顺手从后项窝向前一削，头颅坠在地面的青苔上，一面将剑交给黑色人"。比照"荆轲刺秦王"这段战国史实与《三王墓》这段晋代人所撰的志异故事，会得出相当有意思的结论：这两者不仅情节细节相似，连丹和赤这样人物的名字都有暗合。往下大胆推的话，晚于《史记》几百年更晚于《燕丹子》的晋代志异作品很大成分就脱胎于战国时的真人真事，只不过用了与那一时代精神相叠的神秘方式，把传说与事实搅在一起，更隐晦地表达，省略了仇人与复仇者真正的身份，更省略了那加入其中以抱不平为能事的侠的名字。晋代用这种特别的方式保留和纪念着它的前代，以扭曲的浪漫祭奠着战国挥洒的浪漫，并将那已然不可改变的史实——那场刺杀行动的失败、荆轲未完成使命的死——改写为无名侠士与楚王的同归于尽，三王之头在鼎中腾翻厮咬，这种想象力中该寄寓着多少因史的遗恨所生的浪漫，这种文学式的翻写对史的修补又寄寓了多少人对侠正义不死的理念，侠的理念化将具体的一个荆轲事件或是整个的战国之侠士精神包含了进去。几千年，自有了文字所造出的文学以来，中国的书写者一直在完成着这样的抽象，在以这种抽象，一点点地养着它生身的时代里的那些极为罕见的珍贵的"骨髓"。

时隔约两千二百一十五年之后，公元 1988 年的 5 月到 7 月间，那个春夏之际的夜间写下的四篇短文是不该为研究隔过的。这四篇文章是：《渡夜海记》（1988年 5 月）、《静夜功课》（1988 年 7 月）、《芳草野草》（1988 年 7 月）、《悼易水》（1988 年 7 月）。这四篇文章的作者是同一个人——张承志。这四篇短文中都提到了《史记》刺客一节，提到了鲁迅，还有面对世上的这一种文本墨书阅读着的自己："近日爱读两部书，一是《史记·刺客列传》，一是《野草》。……暗里冥坐，好像在复习功课。黑暗正中，只感到黑分十色，暗有三重，心中十分丰富。"触着高渐离故事的坚硬边缘，如墨的清黑涤过心肺的时分，"古之士子奏雅乐而行刺，选的是一种美丽的武道；近之士子咯热血而著书，上的是一种壮烈的文途"的感念，是他所深爱的"启示的黑暗"吗？清冽微黑、销肠伤骨的易水在北中国的萧条刚硬里如一道分界，少年时的膜拜到重读《史记》中对"血勇—脉勇—骨勇—神勇"的一条注释的理解之间，那对古人的对于勇者的入木八分、透骨及髓的体味仍未被时间掠去浓咸。在"士之愤怒"与"布衣之节"的承继里，张承志对野草芳草也有了重新的划分——是对鲁迅先生野草般苍凉心境的深悟还有视心中洁癖为宿命的习惯，"我想它存在、我希望它存在，所以它存在了——写多了芳草是冥冥中我得到的一种正道"。所以那出发点是被世人常嘲笑的梦，所以那几个字其实是对先生的另一角度的继承：

只承认不在的芳草。

所以三年之后，会有意犹未尽再次续上这个话题的三篇长文：《致先生书》《清洁的精神》《击筑的眉间尺》。时间是 1991 年至 1994 年。

《致先生书》重提《野草》与《故事新编》，重提特指鲁迅的"先生"的血性激烈与"激烈之中有一种类病的忧郁的执倔",以及血缘,以及那几近于"近主的宗教誓辞"的《野草》序文,还有他对"反复成为我们心灵的敌手的"吃人之孔孟之道的反叛的呐喊,面对学术界艺术界中隐晦的暗藏贬义的来自艺术与政治关系的文学提问,张文无疑是一篇为鲁迅文学乃至人学地位的辩护书。然引发我兴致的是那些延伸,在谈到《故事新编》时,张说于先生死年出版的这部书在读之时有一种生理感觉,它绝不是愉快的,是不寒而栗,也是触目惊心,"先生很久以前就已经向'古代'求索,尤其向春秋战国那中国的大时代强求",更引人重视的是他引出了一个对现时代而言异常重大的命题,是再明确不过地指涉人格的——

中国需要公元前后那大时代的、刚刚混血所以新鲜的"士";需要侠气、热血、极致。

这种极致的正气的美在距此话写下两年后的《清洁的精神》中终得到了梳理。

从汉字"洁"和它这一最完美解释的诞生地——河南登封王城岗箕山开始,本质、传统、文学的真实、对世界的重新体证搅绕在一起,是"洁的意义被义、信、耻、殉等林立的文化所簇拥，形成了中国文化的精神森林，使中国人长久地自尊而有力"的这样一种人格认识。对《史记·刺客列传》这篇中国古代散文之最的精神解读就基于这样一种认识。司马迁叙述的从曹沫到荆轲的中国壮士传统已不需复述，让人着迷的是张文对司马文中壮士来去周期的意味深长的强调，曹沫之后，是"其后百六十有七年，而吴有专诸之事"；"从专诸到他的继承者之间，周期是七十年"；"周期一时变得短促，四十年后，一个叫深井里的地方，出现了勇士聂政"；"二百余年之后，美名震撼世界的英雄荆轲诞生了"。这种颇有深意的叙述，并不只是对司马迁的敬仰和对那个大时代里的侠士的崇慕，正如对鲁迅的复读不只是局限于文本一样，所以才会有那样的理解冲口而出——"在《史记》已经留下了那样不可超越的奇笔之后，鲁迅居然仍不放弃，仍写出了眉间尺"。鲁迅做的这件事值得注意。所以以下的结论定源于诸上认识的累积："一诺千金，以命承诺，舍身取义，义不容辞——这些中国文明中的有力的格言，都是经过了志士的鲜血浇灌以后，才如同淬火之后的铁，如同沉水之后的石一样，铸入了中国的精神。"这恐怕是现代最近的写侠之骨髓的文字了，虽然通篇没有用"侠"去界定它。

一年后的《击筑的眉间尺》可视作《清洁的精神》的补白。1994年夏天，长沙西汉大墓中出土的古乐器——筑，一共三件，都已残断。面对它，让张承志再度想到司马迁《史记·刺客列传》和鲁迅《故事新编·眉间尺》，钩沉古史并非闲来无事，不然不会有那种堵噎："感触如割如痛，其原因，或许仅仅在于音乐与刺杀，这难以协调的二者之间。不知为什么在古代，乐如兵，人如文。不知究竟是高渐离看中了此种如兵的乐器，才成为音乐家——还是筑为了高渐离这样的勇士，才衍变成这种激烈的形状。"

筑身窄长，筑颈呈三角形。可以看见，以前曾有五根弦：一根压三角顶棱，两根贴着左侧的斜面，另两根顺着右侧斜面。五根弦，分在徵、羽、宫、商、角；两侧的筑弦被扼住后，又分别变成羽、变宫、宫、角、变徵五声。

筑的奏法，是以左手扼住细细的筑颈，五根弦围细颈，绷紧又弹开。奏者在筑弦张弛之间，用右手持弓击之。可以想象，如此奏出的筑曲不易轻浮灵巧，它一定浊重铿锵，喑哑古拙。

而今这般乐音，易水之上，不复再有。

那使士皆垂泪涕泣的"变徵之声"，使士皆泣瞋目、发尽上指冠的慷慨"羽声"也只存在于抚读中的想象里。它们，是在等待着一双与它的乐器——筑相匹配的手和与那手的主人所拥有的与音乐相称的灵魂吗？同样被选择的，还有千载难逢的机缘与处境。

无论引证还是研究，这种乐人一致的探问何尝不是肯定，有鲁迅可读，有印证了神话同时也加固了信仰的考古，一个人、文统一的念想是会渐渐长成的，如同那早几年产生的句式——我想，我希望，所以它存在了。

不仅如此。

张承志完成的不仅是古事钩沉里的对文化血液的抽丝，渐次显明的织锦意图使侠这一汉化概念得以获得全新的延展，这是前人未及做的。他看重的是名字、称谓、符号后的精神意义，作为一种联系，他找到了另一种坐标，从返身历史的纵向寻找到在此间的对某种传统历史意之外的心灵、民族的横向参照，都是在一个主题下的集聚。

所以有《西省暗杀考》。

和其中只在"圣"的空间里求存活的人。

师傅、竹笔老满拉、喊叫水马夫、伊斯儿和他们英烈不屈的北方女人们，以及金积大地上所有以争战和沉默抗议残恶与污辱的回族人民，为信仰、为教义、为从乾隆到同治几遭镇压与屠杀的几百万同胞，他们世代相袭、不折不挠、为复仇甘愿以命相抵。师傅在一棵杨拼尽全力做尔麦里在接都哇尔之后归了真，却坚持念着念赞"一直到卢罕（灵魂）走离彻底"；竹笔老满拉兰州被捕，在同伴劫狱时他为隐藏教门与实力断然拒绝逃走时的冷峻、执拗与沉毅，而临刑砍头时，他"亏心哪"的跳喊又含有多少大业未竟的热血辛酸、遗憾与不甘；喊叫水马夫在肃州左湖以斧砍杀轿中人后又死于兵勇队刀枪下的英勇、豪迈；胡子阿爷（伊斯儿）穷尽毕生的等待，在一棵杨伺机复仇的焦虑与谋划以及破釜沉舟的拼死实践，涵盖了西省黄土碱水喂养出的回民族一代代人的血性信仰，搭了一切，押上性命，只为了捍卫精神，生命的存在在这里简化、升华为对信仰的体认与实践。这是我七年前一篇文章里[1]对这部作品的解读，现在看来可能就不大一样。因为在概括里有些东西被挤干榨了出去。

比如说当时根本无法领会的时间。《西省暗杀考》写于1989年，正在上面已做引证的他1988年的四篇短文与90年代初的三篇长文之间，好像一种总结，又像一

---

1 何向阳：《朝圣的故事或在路上》，《文艺评论》1996年第4、5期。

次预言。此后的《心灵史》证明了这一点。

比方说，那时也不可能注意到的其中的一种层进。《西省暗杀考》写了四章，一章主写一个人物，一共四个人物：师傅、竹笔老满拉、喊叫水马夫，还有作为见证也贯穿始终的伊斯儿；对应他们的分别是一部经文、一支竹笔、一把粗木把斧子、一柄刮香牛皮的长刮刀，然后又回到经文；由此，这四个人物似可囊括四个阶层——师傅所代表的宗教界，竹笔老满拉代表的知识分子，喊叫水马夫代表的底层百姓，还有伊斯儿代表的不变的继承人；这个继承人从 16 岁等到 30 岁，那为报仇的伺机等待又经历了 50 岁、56 岁、80 岁，直至 89 岁归真，其间同治、光绪、宣统到辛亥革命，世事沧桑，却矢志不改，那最后年月里修订经文的举动是寓意很深的，伊斯儿走到终了真正完成了对师傅信仰的继承，这是用了一生换的。如果不是后来——1989 年 3 月与之几近同时（《西省暗杀考》写于 1989 年 2 月 1 日）完成的《错开的花》也是四章结构，只不过这篇是以一个人精神境界里的四个阶段完成结构的。如果不是这篇做了意蕴上的印证，那么以上得出的有关层进的结论则有可能是妄断或胡说。

再比方，小说中非常强调神色。写师傅，"静如一片红褐的石崖""戴一张铁铸的脸";写竹笔老满拉,"身上有股鬼气,阴沉沉闪着怖人又魔症的光,像一种铁";并至少两次引用《史记·刺客列传》中的评价荆轲时的注,有关勇士神色之辨那段。一在伊斯儿目睹喊叫水马夫行刺一节,"伊斯儿突然忆起那一日金城关的老满拉,直至后来劫狱、被斩首,老满拉的脸色一直苍白如骨。一个脸白,一个脸红——伊斯儿心中动着……";一在铁游击金兰山大爷见识了供给四地造反饥民给养、于地下高诵《默孚麦斯》十五年的胡子阿爷(当年的伊斯儿)的胆识之后的跪拜致谢:"阿爷神色不变,一诺千钧。小弟从小走进黑道,总听长辈说:血勇的,怒而面红;骨勇的,怒而面白;只有万里寻一的神勇之人,才能怒而不变色。今天见上啦!"这已经是对以上结论再明显不过的例证了。

而小说结语点出的四座墓的主人即《西省暗杀考》里——不同地完成着使命的主人公,则是传统正史记述之外的、异族的侠士。他们绝不逊色的表现,纠正了中国汉文化中心的观念,并将为"义"的行事,提升到了为"圣"的牺牲;而后者,恰恰是缺乏信仰的汉民族所不及的。

所以那样难抑的激烈不可翻译:

喊叫水的马夫飘动鲜艳绸袍，举一杯酒，大笑着下了台阶。

　　"哈哈哈哈——"

　　伊斯儿听那笑声里有一丝嘶哑。他头骨悚然，恐怖片刻涌满胸腔。喊叫水马夫纵情笑着，大步笔直，朝轿子走去。高举的双手里，一杯酒激烈地溅着，伊斯儿见马夫已经距轿子五步之遥。此刻，马夫的脸膛突然颜色一变，如同红彩。

　　……

　　喊叫水的马夫突然一抖手，酒杯飞上空中，手中现出一柄斧头。马夫一跃而起，绸衫呼呼鼓风扬成一片霞。说时迟，那时快，喊叫水马夫饿鹰扑食一般，一斧子剁在刚钻出轿门的人头上。伊斯儿仔细看着，觉得自家心静如石。白花花的脑浆迸射而出，迎着散成水雾的酒，在烈日中闪烁。马夫脚掌落地时，第二斧已经剁在那人脖颈上，半个头一下子歪着疲软。伊斯儿感动着念着，主啊，我的养主。他注视着马夫闪电般抡动斧头，如雨的砍伐带着噗噗的溅血声，密如鼓点。那个坐轿人先失了臂，又失肩，被疯狂的斧刃卸成两片。喊叫水马夫俨然一尊红脸天尊，淋漓快畅地把斧子舞成一团混沌。有一斧震落了那颗挂着的碎头，马夫扑抢在地，半爬半跑地剁那烂头。顷刻间那头被剁进泥土，又被连同泥地剁烂，变成血泥不分的一摊。喊叫水马夫突然间失了对手，跪在血泊里，撑着斧大喘粗气。

……身影狂乱中，伊斯儿看不见马夫殉道的场面。伊斯儿把身躯在乱人堆中挤着，默默念起了送终的讨白经文。念时伊斯儿也把念举向师傅和竹笔老满拉，他视野中显出了同治十年金积大战的刀光血影。他感动得忍受不住，但他觉察出自家心并不跳，脸色并不变。

与抒臆的方式不同，1995 年以叙事完成着对侠之精神的复述的，是何大草的一篇小说。小说名字是《衣冠似雪》。

妇人退后一步，在一方土台上站定。那么你是一定要去杀掉秦王嬴政的了？

……

荆轲说，是的，我这就要去。

是为了太子丹吗？

噢，不。

为谁呢？

我曾经想得很清楚。但现在已经忘了。

在不明白那目标之前，他知道自己的否定。

已经不免有些故事新编的味道。调侃之外，是新译，比若院士田光邀荆轲喝豆汤之类，很有些鲁迅笔法，然调侃的外壳包裹的核心却是肃穆的，在后现代之外，仍有一些什么是不变形的。改写中故事变了，精神却留了下来。如果说真有什么不一样的话，是那核心不那么坚硬了，行事之前的迟疑被从另一向度夸大，成了困顿、怀疑、迷惘、宿命、延宕等软化成分，只在这时，那后现代的气息才从内部散发出来。

所以与盖聂论剑一节会那么写。而"图穷匕首见"与史录的原本也可如此不同。慧心的读者会注意到荆轲在这里重又无名，作者隐去了个体，而以"年轻人"来统代：

年轻人的眼中也是一片漠然。

……

年轻人摇了摇头，左右手仍执拗地叉在大案上……

在那卷缓缓展开的燕国南界的肥沃版图上，最终现出的并非见血封喉的徐夫人匕首，而是那柄嬴政夜夜不离枕下的竹片短剑。竹剑上镌刻的白蛇，昨晚曾跃跃欲飞，此刻却冻僵似的蜷成一团如同一个古怪的嘲笑。

嬴政定定地看着年轻人左掌的五指，五指如葱平静地放在竹剑的边上。

……

阳光从宫殿的每一扇门窗退了出去……

嬴政……右手一送，剑尖无声地刺破了年轻人的白袍白衣，插进了胸膛。

那年轻人对嬴政最后微笑了一下……他用优雅的双掌握住了剑身，他以虚弱而坚定的声音告诉嬴政，我来就是为了向陛下证明这件事的。

证明什么呢……嬴政冷淡的声音，像呢喃自语。

年轻人似乎还想说什么，但微微凹陷的眼窝中，坚定的眸子正升起薄薄的雾翳。他犹豫了一下，双掌往回一推，长剑穿透了自己的身子。

……

"但是到底我们谁成功呢？"这是那疑问，其实已包含了肯定。衣袂变了，骨殖却没变；结局动了，情节不同，表意却未动。在《史记·刺客列传》已是绝笔之后两千年，还能有这样的不惮于写心的文字出现，已是奇迹，不想，这文字里活着的荆轲却比实史中的荆轲还多一层东西，个性里，他有着任何当权者——无论秦王还是燕太子——都夺不去的东西，所以于事件中突现的只是人格，尊严在里，和着与时代共生却长于生命的迷惘也在里。

这就是荆轲的故事，和那行为曾暗示我们的意义。

它需要不断地出土。

尤其在一个慌乱于物而冷淡于神的时代里。

这个神，不是外设的。这个神，长在人的体内。

同年 7 月，何大草的另一篇议论性文字《看剑》，可视作对他这篇小说的补充。其中这样的句子——"在20 世纪的最后几年，先秦的刺客，再度成为部分中国文化人关注的焦点人物"——道出了世纪交接处的时代对传统重做诠释的焦虑，也为战国时人的"士"的精神与正义贴上了唯美主义的封条，他在解释他写作《衣冠似雪》动机——只是为找到荆轲的动机——的同时，还依据"士"的分析提出了对古侠的新的认识，他认为《刺客列传》中的刺客其实是些书生气很重的人，是书生，今天我们称之为知识分子。这是一个很有意思的观点，对于骨子内里东西的发现掺杂其中，成为主干，这大概可以通俗地解释为什么在 20 世纪末甚至在每一世纪的转换处都会有一种对侠的回视——19 世纪是康、梁集团，这种回视是否就是一种内视，在应该有人神清目明的时候站出来。用一柄剑将历史重重的幕帐挑开，——演尽剑气岁月里的往事，不免有臆测与主观，但有一点是肯定了的，对于"士"的重新定位和解释，其间的侠的人格不该被时间冲得散落，而且，在人格内部，了断生死或许做得容易，不易的是其后的自我选择和自由意志相叠合并一贯到底。这其实是侠或者士在一个人格淡化的年代共同面对的问题。

由此，再看 1995 年的一篇写荆轲的短议，就会体味出迥然不同于荆轲时代的冷峻客观。在《荆轲，侠士或刺客》的题下，黄橙提出的也是一个理性时代的疑惑，在"义"与"名"，冷血、热血的"正看""反看"里，尚节义的义勇精神得到了倡扬也遭受模糊；对于这样一种效果而言，也许这个时代真正需要的是一种极端，气质上，在荆轲提剑不返的形象与盖聂坐而论剑的风度之间选择，可能将划开下一世纪的中国知识分子的阵营。其实界限早有圈定，之所以引证了这么多的侠的故事以至写作成了考证，也不过是为了这一个日渐显明的结论。

至此，关于侠的个案考察及其在历史文化中的贯通描述可以告一段落了。侠的精神和这精神所附身的形象，在各个年代里都能找到其在那一现实里的文化象征，而无论如何，与侠写在一起的心性自由、纵横开合的浪漫主义，激扬正直、疾恶如仇的理想主义，去伪存真、优雅高贵、要求纯粹的唯美主义，特立独行、沉默冷峻的神秘主义，崇尚节义、不惜生命并身体力行之的英雄主义，诸多有史以来与之关联而为历史所书写到的主义等华美外衣下，其实包裹的也只是最质朴的核，我称之为"少年精神"。现在还尚无力为这一诗意的称谓找到与之匹配的概念来解释，只能以下面不够周全的形容讲述它的内涵：少年一般的心情，青春气，活力，锐敏，是积极，是不拘于文化的个性，是创造文化的可能，是充满向往、希望、梦幻的心理定位，是活泼，是有所为……据说中国的唐代是这一精神的一种文化典范，在佛、侠混合的时代而出的少年精神，体现在最能代表唐代的诗歌上，反顾历史上李白等人普遍的咏侠诗，侠骨以文的方式留存下来，而少年精神的表现不仅局限于文学，更包括政治、经济、外交等社会各个方面，所以称为盛世，这是此前此后都未能达到的峰巅；它在文化上不仅可与世界对话，而且事实上是引领着世界文化的发展，这也是此后年代所未能达到的，仔细分析一个社会的面貌是不能绕开文化精神背景的，而在唐代，最重要的文化精神，是不能不考虑它的积极进取的少年精神的。在这个意思上看侠，唐代是保留战国时的民间与贵族相交融的侠之气质的最好的年代了，而且它用了最文化的形式保存了它，整个唐代很少战乱，它证明了一个和平年代也能保持一种浪漫精神的结论，以它完好的实践。唐代的盛世景观当然归结为它各方面的成熟，文化思想上它达到的儒、道、佛的平衡，但我认为这个盛世的活力之处，不可忽略的是它完好无损地通过艺术的形式对先秦侠的保留，这可以视作是对唐文化一直被学界认作女性文化大成时代的一个反驳；唐代，是这样一个时代，在它优柔成熟的外表下，跳动着一颗少年的心。

这使我再次想到中国本土文化脉络的三个源头——儒、道、侠。对于它们起点处的个性特征的分析前曾涉及，儒一诞生，已是中年，它的入世道德又一直发挥着它的中年特点，它是求群性和谐的；道则开始于老年，如果说老庄之时还有青年味儿的话，那么它是愈来愈老的，讲出世的超脱，其间的消极与它的离性、灭性相连，是求天人和谐的；侠却是少年的，就精神而言，这一质地从未变过，它是求个性和谐（而非传统所认为的个性冲突，这里的和谐有自我人格统一实现的意义）的；也许正因为此，它在一个"老"成为文化面貌的国度里才备遭损抑。而它的思想，也一直未得到大力发展，未受到当权者的重视，入世与出世之间，在易于为中国人接受的两种文化，两种人生意向、人生态度的夹缝里，侠这种建设性很强的思想，曾被认作是极富破坏性的范畴而加以排斥和贬抑。贬抑的结果是，中国文化的畸形发展，少年精神的取缔，是一个古老得失去了再生能力的国度的出现，所以再无唐代那种融合能力，那种意气昂扬的少年气质也已经真正沉入了梦里。也许这就是一种文化在世界文化格局中日渐落后以至部分丧失掉引领、创造者角色的原因。

引我惊异的，是侠这一种文化对书写权的放弃，虽然在各时代的浪漫主义作品里都能找到它的思想，但在那产生大理论的百家争鸣时代却难以找见一部如儒之《论语》、道之《道德经》的著作来。当然即便是先秦，如儒、道，也是述而不作占了统治地位，入世、出世两大家的源头之作也都是学生后人的记录，这种文化特质，这种对书写权的自觉放弃是这一民族文化不同于他族的特点，然而它的背后所述的文化内涵又是什么呢？而且，侠这一思想则做得更决绝，更彻底，它在源头的对文字与语言——对整体描述行为的放弃，又区别于一民族文化内部的儒、道，这又意味着什么呢？好像一开始，它所放弃的，只是"说"的一种方式，一种它所不屑的方式，它用以代替这个叫它看不上的方式的是一种生命的"书写"，这场书写，不是蘸了墨汁，而是蘸着鲜血。它的视点，不是文，或者说文只是第二位的，相较于人而言；在它无言的思想深层，相对于别家的立德、立功、立言而讲，它的目标一开始就与它的形式相叠合，正与它的所有行为、方案、故事所重复的那个内容相一致，它是——立人。

所以有最简捷的方式。不通过语言留存，和它气节相应的流传方式是以人传神，而非以文传意。气节与其情而来的"不世故"可能是接近于其核心的评价，而对于侠来说，儒、道的述而不作最后走到了它们自己的反面，连篇累牍的著述方式没有继承它起点时不写的精神，"注"的风气很是旺盛，而且在这一文化中重新找到了对这一方式或说是背叛的认同，要不，就是那起源时的不言的方式与立言的内涵相脱节的虚伪性所致；侠却一直是真正意义的书写者姿态，以人作笔的书写，省略了纸墨，跃过了语言，它一开始所放弃的仍是它现在要放弃的，它的书写，使所有以文字方式书写的篇章、著作，所有立志传言的著家，都定位在了它的阅读者身份上。

渡在海上

他们是以充满智慧的认识获得最高灵魂的人；是在统一的灵魂中发现最高灵魂与内在我具有完美和谐的人；他们是在内心摆脱了全部私欲而亲证最高灵魂的人；是在今世的全部活动中感受到他（最高神），并且已经获得宁静的人。

——《蒙达迦奥义书》

上篇

时隔两千五百年，真的已经再无能力复原那个动机了吗？

那个人不顾一切抛弃了家园——他的目的只是为了到达另一个家园？

史册中的复述似乎早成定论，关于四谛来源的论述也已耳熟能详——路行中，一个风烛残年的老人、一个濒死的病人、一个乞丐，或者还有一场葬礼——这个后来人常提起的老、病、死真只是那个他决意要出家的原因吗？如上场景给王子悉达多的感受，和他对诸种人生之苦最终解脱的寻求后来成了他的教义。正因为此，那个在公认史实背后的心情也许一再被略了过去，历史告知我们的只是一种结论，渐渐地，我们已不习惯去问纸型、史册、卷宗、典籍以外的东西。

当然也还有一种解释。关于出走——

奥古斯特·卡尔·赖肖尔在其《佛教》中言及精神物质，认为沉思默想的印度人对物质、奢华、权力和名望等孜孜追求的怀疑基于或导向了如下一种信仰：物质生活及享受并非美好生活的最重要部分，却恰恰是高尚精神生活的反面。"这种信仰使大量的印度人抛弃世间正常的生活，涌入森林和山洞去做隐士和遁世者，以求免于物欲、情欲的奴役和人际关系的纠缠。他们试图寻求内心的宁静和安适、永恒的东西和真正的满足。"

佛教因物质的起疑到对内心精神生活转入的这个缘起，在赖肖尔本人，也只得于外界的观察而非体悟——因为悉达多放下的不仅是物质，备遭困扰的他对物之上的诸多精神也同样做到了步步离弃。

对佛人格精神的漠视，模糊了佛教创教之先的原初性、心灵性与佛本身的血肉感。

舍利被埋在了塔里。

很多年过去。直到那个人提出了怀疑——

为了探究"我"，探究"自我"，还有别的路途值得寻找吗？没有人指出过这样的路途，没有人知道过这样的路途——

婆罗门们知道一切事情，他们的圣经记载着一切事；他们研究过一切事情——世界之造成、语言之起源、食物、吸气、吐气、器官之排列、神们的行为。他们知道太多太多的事情；然而，如果他们却不知道这一件重要的事情，这一件唯一重要的事，那么，他们所知道的一切事情还值得知道吗？

1922年，一篇名为《席特哈尔达》的小说否定了于物质与精神关系中找寻动机的方案。

被称为德国"浪漫派的最后骑士"的赫尔曼·黑塞将那动机局限在严格的精神领域里，只是选择，隔开了这个人与他原有的生活。他在《自传》里专意提到外祖父是传教士、研究印度的专家；父母亲都曾一度在印度从事传教而自己在莫尔布隆修道院神学院读过书，却自称西方大牌哲学家——包括柏拉图、斯宾诺莎、叔本华等——都不及印度和中国的哲学对他的影响大。他在早年，也经历了违逆祖传的笃信宗教家庭的内心危机——逃出神学院，跟钟表匠做学徒，《轮下》记述了这段背离的苦痛与自由。走出了一个集团之后，首先获得的那种自我的感受，是史录无法追记的。也正是这个，才使他在写那个与释迦同名人（从以后情节的发展，可以说主人公悉达多即是释迦牟尼的化身）决意出走时会有那般切近的描述：

> 悉达多走进屋子里。他父亲正坐在木皮做的席子上，他走到他父亲身后，站在那里一动也不动。
>
> "是你吗，悉达多？"老婆罗门问道，"你心里有什么话你就说吧！"
>
> 悉达多说："……我是来告诉您我想明天离开您这家园，去加入苦行者们的行列，我愿意成为一个沙门……"
>
> 那老婆罗门沉默不语。沉默继续了很久很

久，星星一颗颗经过小窗口外的天空，星座改变了位置。

他儿子站着，沉默、不动，双臂横盘在胸前。

后来是做父亲的打破沉默的拒绝。可是——那做儿子的依旧双臂横盘胸前，沉默不语。

"你为什么还要等待？"他父亲问道。
"你晓得为什么。"悉达多回答道。

此后是做父亲的离开。再此后是无法入睡的父亲在长夜里一连几个钟点所看到的站在原地不动等待着的儿子。这里，时年45岁的作家竟如一个初学写作者四次连用了同一句式——一个钟点过去了；又一个钟点过去了。然而——

悉达多站在那里。

悉达多依旧站在那里。

悉达多站在那里，在月光里，在星光里，在黑暗里……他站在那里不动。

终于在那夜的最后一个钟点，做父亲的走进屋去，面对着高大又陌生的儿子，那已是毫无退路的对话了——却是多年来每读一遍都舍不得放过的：

"悉达多，"他说，"你为什么还要等待？"
"你知道为什么。"
"你要一直站着等待，等到天明、中午、
晚上？"
"我要站着等。"
"你会疲倦的。"
"我会疲倦。"
"你会睡着的。"
"我不会睡着。"
"你会死的，悉达多。"
"我会死。"

此后的对话更是让人心悸；对应"你宁愿死，也不
愿服从你的父亲？"的懊恼，竟是"悉达多愿做他父亲
指示他做的事"的回答。在悉达多望着远方的眼睛里，
父亲知道儿子已经离开了他，"父亲"一词发生了置换，
一个新的父亲诞生了，那个他要做的沙门的意志；虽然
最终悉达多也同样离开了这时诞生并主宰了他的意志，
但是此时，他服从的是这个精神之父的指示，他只能服

从那一刹那响在他内心的声音。

冥冥中，一场跋涉就这样找到了开端。

内化教义的个体化的身体力行，是各类经典中寻不见的。文学，此时，再一次充当了历史的补白。

后来，释迦牟尼在波罗奈斯传教结束而向优娄频罗进发传教之前，他对弟子的告诫是——不许结伴而行，务必独自游历教化，即要求每一位弟子以个体的自我面对向他一人展开的世界，体验、亲证、自律、实践教义与人生。释迦也是一人向他当初获得正觉的优娄频罗走去的。

一个人，在路上。这个意象，或许就蕴含着一种宗教。

在寺院庵堂，我曾不止一次与他的圣容对视，因为大多数情况的仰望（那塑像总是被塑得高高的，俯瞰着众生），总是在那一瞬时会突然停顿思想。与那样的一种被后人诠释过了的目光对视，仍然有某种奇妙的感受难以传达，记得在五台山面对一尊释迦像的时候，我会在膜拜之后突然生出要变成他的感情，那是1990年深秋。此前此后，我在龙门、云冈，也曾遇到过那样的目光。正好这几次去，都没有太多人，寂寥空间里那种无声息的对话和对谈后所获得的那种心境的清明，是用手写不出的。问题是，面对一尊泥、石、金或别的什么可致不朽腐的雕像时，会有很多膜拜者想到他的肉身吗？他的血肉之躯，他也曾有过的呼吸、爱憎、坚执与抛弃，会想到他的苦恼，和终生为免除这绝非他个人的苦恼而献出的一切，王位、富足、亲人及至生命。会有很多人吗，即使如此仍觉亲近，而不仅只是仰望？

对经典注释太多，犹如酒掺了水，反品不出酒的味道了。佛陀，尽管后世人尊他为神以显敬仰，却是违逆佛陀本意的——"我不是僧团的统治者，我灭度后，也不需要有一个统治者。"这种对任何形式权威的反对与他青年时期放弃王位继承人身份——其实是放弃一种统治体制——相一致，他在精神领域里也同样反对领袖一说。"汝当自依"，《大般涅槃经》中这句遗言语重心长。

乔答摩·悉达多于大约公元前 565 年出生于现在尼泊尔南部的弱小民族释迦族建立的迦毗罗卫国，是净饭王的王子。高贵的生活保证了他接受最好的教育——包括一个王权继承人的武艺与帅才。然而成为一个国王不是他所要的理想。29 岁，释迦出家。他舍弃王位后对迦毗罗城的告别，入拘利国再南下对阿诺摩河的渡过，他剃除须发，独自一人托钵行乞朝距出发地 600 公里的摩揭陀国走去的那段路程中的心境现已无法测度了。一个人，在路上。漫长的修行开始了。这时的释迦不再以一个王权继承人的身份而是作为一个自由地选择自己生活意义的人向目的地走去。摩揭陀王舍城，优娄频罗舍那村，恒河支流的尼连河岩的苦行林，伽耶城，距此须10天跋涉200公里外波罗奈斯的鹿野苑，从鹿野苑再折回优娄频罗，摩揭陀国，舍卫城，拘尸那揭罗城，从婆吒百村渡过恒河回归故乡途中，无论放弃、正觉还是传教，这些地点与行程一一记录了这个初衷。

然而，在佛陀单纯的一生中，有过几次让后人颇费心思的转折：

为什么佛陀要抛弃他现成给定的富足生活与王位继承权而出家过流浪人的生活？为什么在他的禅定修养已达到很高造诣而令其师事的两位当时全国水平最高的禅定家惊讶并打算立他为思想继承人时，他却离开了他们？为什么在他已与苦行对质了长达6到10年而品尝了一般苦行者都未能做到的一切肉体磨难之苦并使得周遭人都满怀敬佩之情如圣人般看待他时，他却放弃了这甚至是唾手可得的名誉而离开了苦行林？为什么在他于毕钵罗树下（这棵树后来被称为菩提树）趺坐成道后，实际已是全国最具境界的哲悟家还要徒步跋涉到几百里外的异地去传教呢？为什么在他已然拥有了近千名弟子后却不满足于平平静静做导师而还要坚持一个人独行游历教化呢？与婆罗门的对峙与征服，对提婆达多叛逆的粉碎，九横大难之后，在他80岁高龄时，在释迦族灭亡后，他为什么还会从婆吒百村渡恒河并选定他的故乡作为他最后传教的方向呢？为什么，他能不顾恶疾缠身在弟子劝他休息时还要侧卧于娑罗双树间支撑着为前来寻访的沙门说法并以此作为自己临终的方式呢？

这是一个一生写满了离开、丧失、告别与放弃的佛陀。

一个人，如果不是一定要得到他需要的东西，绝对做不到这种对已有的放弃。因为那太冒险。拿已有去抵押未知，恐怕只有那些内心呼唤异常强烈同时意志异样坚决的人才能做到。

释迦的第一次放弃是针对王权、家庭的。

他的出家行为本身，是对命运安排好的他个人生活方式的一种拒绝，同时拒绝的还有异常优厚的财富、地位。而在出家的表象背后，是对政治、政体乃至整个统治权的放弃。日莲正宗法华讲总首席讲师、日本学者池田大作在《我的释尊观》中曾说，"他选择了由权力主义即成为形而下的世界之王转为从形而上的层次来看待世界的哲学之王的立场";置身体制与文化之外,于时代变迁、时间流逝之上追寻某种精神意的真理以存放生命,或说在可变的物质世界寻找生命价值的永恒性,是这次放弃的内涵。出家使释尊成了一个边缘人,拒斥原有体制文化的同时,他还放弃了家庭,放弃了意味着世俗生活的对其精神反省方式产生逆向作用的障碍物的纠缠,王权喻义的政治及其武力特征、家庭喻义的生活的世俗性的跳出,释迦获得了思想独立的可能。对武力的坚决否定——此后还包括对摩揭陀国王让其指挥军队事件,对频婆娑罗的拒绝到摩揭陀国王对他的皈依——都体现了他对终极意义的看重,最后释迦族为武力所灭,不能不说是一个悲剧性的讽刺。而他在80岁临终之时仍要坚持回故乡传教(有人拟断其为归根感所支使,或为老年找一个安息地),我以为他是仍想以他的思想去祛除武力统治而通过救心来救国。这时他的襟怀已超越了一个可以用边界划定的国家,虽然他自始至终是一个爱国者,以他个人的方式。

释迦的第二次放弃是对名望、利益的放弃。

这次放弃是他进入了真理追寻的路途后在世俗之外、个体精神体验之内对目的和手段的区分,是依托于他的两种修行——禅定和苦行展开的。释迦对阿罗逻和郁陀迦两位禅定家的告别，与他后来将苦行林留在身后是一致的，手段不是目的，追寻的过程不能与追寻的真理相混淆，正如禅定本身与禅定的根本性课题及为何禅定间有着很大不同一样，放弃苦行也基于对它真髓的把握，深入事物而又不滞留于此种深入的表象，也许正是佛后来所言的对"我执"的祛除。这同样成为亲证的支撑。两种极端的放弃，表明释尊心中的佛教既不是单纯冥想和观念的形而上学即哲学意的真理，也不是极端的针对肉体而很容易走向形下意义的苦行实践；而对享乐主义与苦行主义双向弃绝的结果，是一种"中道"立场的确立。这种区分使释尊在寻求真知的人群里能够将个人内心的真实连同真理本身的真正价值一起与那些只是在皮毛层面上寻找真理而只会更深地误入歧途的人划清了界限，当对象与我都不再是鱼目混珠的时候，还需有离开人群的勇气。这种对同行者的放弃所需的勇气远大于对世俗放弃时的，与他曾一同苦行的五比丘离开了他并认为他是为享乐引诱的这一事件证明了这一点。这里面，有释迦对名望的放弃，他认为是虚名的东西，哪怕会给他带来当时出家人都向往的名誉与利益，他也仍要坚决地舍弃。不做阿罗逻的继承人，不做人所敬仰的苦行已达很高境界的苦行者，原因也是，在修行与冥想中，所能找到的只是"一种短暂的喘息"；所以他在对世俗意的王权放弃之后，进一步放弃了形上意的王权，包括池田先生讲到的哲学之王。那么，什么才是释迦想要成为的理想呢？也许只是一个因循真理，以自己而非别人选定的人吧，或者说是一个在个体的生命实践中创造与现行规则（伪真理）都不相同的真正真理的人。所以他能够做到放弃。佛陀有关真实真理的理想是指向终极的。手段种类很多，可以替换，目的只有一个——正道。

我总是满怀疑问。

那寻找着的青年说："我总是怀着一种知识的渴望。一年又一年。"而追寻的结论却是"在万事万物的本质中，有些东西不能称为'学习'"，"唯有一种知识——那是无所不在的，在你里面，在我里面，在一切生物里面……对这种知识而言，它的最大的敌人，莫过于有学问的人，莫过于学问"。

这种思想，与室利·阿罗频多（1872—1950）对"理智的真理"与"精神的真理"的划分有着某种叠印，比如："我们不能过分依于那些理念和决策，一时在非常的危机中，在特殊情况的猛烈压力下所形成的"；"伦理在其真性上不是行为中之善与恶的计算，或一番劳苦的努力，以求按诸世间标准而无过——这些皆只是粗劣表象——它是一种企图，要生长到神圣性"[1]。有意味的是，这位印度精神哲学大师的一生也是由一系列放弃构成的，与他的理论相一致。他由秘密结社中的暴动暗杀的主持者、爱国者领袖到38岁时的隐居以至最后主持修院、独居一楼修瑜伽术并成其综合瑜伽论而成就精神事业的几度转折，也在当时不为人所理解，很有些类近释尊当年的放弃，"人应当终止其为这表面的人格，变成内中的'人'，即'神我'"的目的，和"舍却自己是寻到自己的最好办法"的选择，都是以内心生活为倚重的，而所谓的"神圣者"并不是对象物的存在，他与我是一体的，"神圣的圆觉常是在我们上面；但在人，要在知觉和行为上皆变到神圣，内中外表皆过神圣生活，这便是所谓精神性"的心灵向上生长的自信，和"一切皆是我们的自我，一个自我取了多种形貌"的神、人一体的思想，注解的正是释迦有所弃的原因。

---

1 [印度] 室利·阿罗频多：《周天集》，徐梵澄译，北京：生活·读书·新知三联书店，1991年，第27页。

由于此，释迦当年才将手段与过程像衣服一样从身体上脱掉，离开同样压抑了自性已成为他"父亲"的沙门集团，将茂密的苦行林留在身后，独自一人向那一棵毕钵罗树走去。这个象征太巨大了。而正是那棵树使他证得了菩提。

这个终极的指向并不仅是释迦对外在事物——王权、声望的拒斥，它还包括人自我内心的对异于这一指向的念想的清理与挣脱。

趺坐树下的释尊降魔的故事补充了这一点。释迦在毕钵罗树下结跏而坐，众魔纷纷前来对其极尽诱惑，而释迦以其坚毅刚直的品格一一识破并击退，这个故事几乎所有经典都曾提到，虽然版本不同，但同是解释释迦在成道前夜为正觉的精进修行和义无反顾，《方广大庄严经》卷七释迦在分析贪欲、忧愁、饥渴、爱染、昏睡、恐怖、疑悔、忿覆、悲恼等九"军"命名的恶魔后，特别指出了"自赞毁他"，在虚名、利益范畴的划界的清醒，使人感到这个魔并不是通常说的来自外部的干扰，而有其更大程度的内部性，它与生俱来，存在于我们内心，而克服了这种迷妄才能达到觉悟。那与黑夜一起不断加深的境界所历经的初更、二更、三更和它们的由过去世到未来世更到关于现实人类世界真理的信仰的那一段心路，已无可复原了。我们只知道，金星辉煌地照耀，天亮而来的光明是对击退了心魔的他的最好回报。

对树的告别是释迦的第三次放弃。

这个放弃是对滞于玄想思辨层面的哲学的放弃。在对世界的解说与改变之间，对人的个体觉悟与普度众生之间，释迦的选择更进一步将他与世面上行时的玄学家和当时在精神界产生一定影响的禅学著名大师作了区分。他放弃了独善其身、灰身灭智，还放弃了以玄思为特征的哲学家身份，不断生长成熟的人格溢出了以往的角色，或说于树下冥想的哲学家角色已无法容纳他的人格；这种人格对角色溢出的结果，是一个宗教实践家或说是人生教育家的诞生。于小我与大我之间，小乘与大乘之间，个体证悟与更深广意的亲证之间，释尊的放弃其实是一次选择；那棵毕钵罗树是一个界碑，隔开了释迦的两段人生，而从对人的逃离到与人的亲近，是释尊人格的一次飞跃。佛教与他教不同，它的人格神不创生世界，但却创生包含人类的他本人。这是一更大意义的世界。释迦的这次放弃与他的第二次放弃即与两位禅学大师的告别相印证而成为佛陀人格转折而至完型的关键。

篇名意谓"菩萨"的《席特哈尔达》里，这次放弃被描述为对一位圣人——也是一种父亲（在生身父亲、集团父亲之后，这是最后一位立在路口的智慧父亲）——的放弃。故事已展开了四分之一，迦陀玛出现了。他被尊为世尊佛陀；他因解脱众人痛苦的柔和而坚定的讲道拥有全国大量虔诚的崇拜者，甚至悉达多的挚友迦文达也皈依了他，然而悉达多却一人离开了。他与如来佛——有意思的是，小说里迦陀玛（译音同乔答摩）与悉达多的名字相加，正是佛陀释尊的全名——告别时的一段对话相当精彩，中心一句便是——"从别人的讲道中是无法求得解脱的"。

远离所有的教条与导师——哪怕他是众望所归的救世者，哪怕他是另一个自己灵魂中的自我。长期以来，作家黑塞将一个佛陀分身为两个人的"双包"手法——我所深爱的《纳尔齐斯与歌尔德蒙》也是如此——一直让我感觉困惑，如今我明白了它。悉达多离开的不过是他心目中要成为一个圣人、教导者、领袖的思想（那种名望的心魔）罢了，他同时离开的还有讲道这种方式，在他现在的心目中，行动高过了语言。他要成为的是一个人，而不是一个神，那反统治的自述绝不只是说说看的；由此在他以放弃的方式否定一个个曾主宰过他生命的某一些段落的各式各样的"父亲"同时，在他表明自己亦永远不做统领别人的精神父亲的同时——他只认准了一件事：亲证。

这就是我为什么要继续走我的路的原因。

这种背弃式的选择当然是有代价的。像一个刚出世的婴儿，此外他什么也不是，此外，什么也没有。

……再没有人像他那么孤独了。他不再是个贵族，不属于任何职工组织，不是个寻求职工保障，而在其中享受其生命与语言的工匠，不是个婆罗门，不是个属于沙门社会的苦行僧，甚至连深山中最与世隔绝的隐士，也不是一个人孤孤独独的，他还是属于人类社会中的一个阶级。迦文达做了和尚，于是成千个和尚都成了他的兄弟，他们穿着同样的僧袍，享受着同样的信仰，说着同样的话。而他，悉达多，他属于哪里？他分享谁的生命？他说谁的语言？

然而就是这样，他依然踏上了他自己的路程。他一无所有，却得到了一样东西

——悉达多，他自己。

波罗奈斯的初转法轮，优娄频罗的正式传教，释迦国的皈依，到 80 岁时的出外游化，直至于病榻上为前来寻访听教的沙门的最后说法，释尊以这种方式完成了他的第四次放弃——对生命的坦然告别。在两棵娑罗树间，在对佛意其实更是对自我人格的阐述与言说声音的回旋里，也是那种仪式选定了他。这是真正殉道者的实践。一棵毕钵罗树使其获得新生，两棵娑罗树使其获得安息，其中寓意，让人欲辩忘言。而不止一次流下泪水的，是池田对佛传中释迦入灭场景描绘的引文：

> 那时候，娑罗双树虽非开花时节却鲜花盛开，这是为了供养如来而降注如来之体。又有曼陀罗花降自于虚空，这是为了供养如来而降注如来之体。

这令人潸然的文字，揭示佛陀人格境界的同时，也成为一个自我追寻真理并在唤醒人们灵魂生活的过程中亲证它的人一生的概括。

灯里有油，它被安全地放在封闭的油瓶内，

点滴不漏，这样，它就与周围所有的东西隔开并且是吝啬的。但是当灯点亮时就会立刻发现它的意义，它与远近一切东西都建立了关系，它为燃烧的火焰慷慨地奉献出自己储存的油。

神的显现只在神的创造活动中。罗宾德拉纳特·泰戈尔以《人生的亲证》将自我描述为追求尽善尽美，努力从虚幻达到真境，从黑暗达到光明，从死亡达到永生的"一位永久的旅行者"。书中的悉达多在离别了三重父亲之后，回到了感觉与欲望，经历了凯玛娜的爱情、卡马士瓦密式的经商与寻求刺激的赌徒之后，一棵杧果树隔开了城市与森林，河水像等着一个受洗者一样在耐心地等着他。那一觉醒来的对话是耐人咀嚼的：

悉达多：现在你要到哪里去，我的朋友？

迦文达：我不到哪里去。我们总是不停地从一个地方到另一个地方，遵照着戒律生活，宣扬教义，乞求施舍，然后再到另一个地方去，生活永远是这样。那么你要到哪里去呢？

悉达多：我的情形就跟你的一样，我的朋友，我也不到哪儿去，我只是走在路上。

......

迦文达：那么现在你是干什么的？

悉达多：我不知道，我知道得同你一样少，
我正在流浪。

　　只是走在路上。这可能就是《席特哈尔达》的中译
本名为《流浪者之歌》的寓意。佛陀正是这样一个旅者，
菩提树隔开又联络了他的求真期与实践期的知与行的分
段；个别的我存在与无限的我存在如果可以用"我"和
"他"加以表示，对无限者、普遍的人的亲近，使个人
灵魂与最高灵魂找到了叠合。由此，泰戈尔的祈祷词化
作了跨越一切时空的宣称：

我是他。

　　这或许就是那个正在形成的答案。

　　这样理解，佛陀就不只是一个单个的人。

　　有关佛陀自我介绍的传说中言："我为如来、应供、
正遍知、明行足、善逝、世间解、无上士、调御丈夫、
天人师、佛世尊。"大乘经籍中记述佛陀有 32 种相 80
种好，据称，"佛的每一'相好'，都能生出无限光明，

普照天下，发出无量音声，遍满世界，并给五道众生带来普遍利益。即使每一毛孔，都具有无限神通"。此外还有一种说法，认为在佛陀以乔答摩姓降生之前，佛陀曾有多达 550 次的转生，或为君王、婆罗门，或为神灵，此外，还曾做过 12 次首陀罗，10 次牧人，1 次石匠，1 次雕刻工，1 次舞蹈家，等等。有关佛不同变体的思想，长久以来使我懵懂迷离，那时的我，并不知有关它的解释就藏在这个万千与纯一相叠的结局里——

当所有的语言都无法承载他的思想时，悉达多请求旧友吻他的额头，那一瞬时，迦文达在悉达多的面孔上看到的是一长串川流不息成百上千的面孔，出现、消失、更新；一条濒死的鱼的面孔，一个初生婴儿的面孔，一个谋杀者杀人与被处决时的两种面孔，男人与女人赤裸的身体，横卧的尸体和许多动物的头——全都纠缠在爱、恨、毁灭、再生的关系里，既静止又流动，铺开在一层玻璃般的薄冰或水的面具上面——那是悉达多的脸，那脸上是只有俯瞰与亲历了这一切的人才有的半优雅半嘲弄的微笑。

尽管那部在黑塞诞生百年纪念时已问世 55 年——于当年已有 34 种译本——单印度即有 10 种印度文字译本，仅美国销售量即超出 300 万册的小说所改编的，据说亦引起极大轰动的同名电影，我没有机会看到，但仍可从茨威格对原著的评语——"从这里似乎可以达到在更高的阶梯上远远展望世界"——感知那景观。

这就是他未曾说出口的渡的意义吧。

动态、流变、上升、发展的实践性观点，为中国人格的演进注入了活力。自我作为一个不断变化的实体，这个人格的精神重量在于，远离各类权威而直奔真理，只承认亲证是信仰的基础。从求索者到实践者，悉达多穷其一生，为知识分子——更确切说是智识者——下了一个完整的定义。为求真理而不惜放生命上去的行事原则，和在亲证中把自己锻造为一个实践者，以行动而不只以语言救世、救心的献身，令人缅念近代中国对民族命运深怀焦虑的一批知识领域的先觉者，康有为、谭嗣同、梁启超、章太炎各经不同方式所表现的拯救，披露了佛教"人间何世太荒凉！拼把袈裟裹热肠"的一面；而"二十文章惊海内，毕竟空谈何有！听匣底苍龙狂吼，长夜凄风眠不得！度群生那惜心肝剖！"也是李叔同、苏曼殊等一批人文知识分子钢肠苦志的自述。由此，再纠缠于佛教属宗教、伦理学还是哲学范畴是多么小气，而有否固化的学问可以作为一个学者的标准然而却不可拿来做知识分子的唯一衡器，与学者不同的是，智识者演绎给我们人在能力之上那个壮丽的极限。清道光年间龚自珍曾写《发大心文》言——当念众生冤枉塞涩……我皆化身替它分说以度之；当念众生贱苦而以度之；当念众生朝有夕无，哭泣相续，我施寿命而以度之。康有为在《戊戌轮舟中绝笔书及戊午跋后》中发愿"将来生生世世，历经无量劫，救此众生，虽频经患难，无有厌改"；如若不是这一点的相通，则无法理解当代作家丁玲如下一段话，她说："我们还应当进一步做到'无'。个人什么都没有，从那个世俗世界里跳出来，喜怒哀乐无动于我，金钱美女、权势地位都无动于我；然后再入世，再到这个尘世里面去，就像佛家说的普度众生，观音菩萨到处管人间的'闲事'。革命者如果不管'闲事'，不是真正做到无私无我，而只是独善其身，与世无争，那还是不够的"——她不能忘情的也是人民和民族。由自我确认为起点到以心挽劫的无我，由汲取到给予，其间九死不悔的上下求索，大约是一个正常意义的知识分子必走的路。动机是在行路中渐次完整的，其内核是中国历代文人沉结于心、拂之不去的百姓意识。对于他们，自我与人道主义不只是两个词，而且它们的语义之间已没有什么根本的差异。那种印证！不是理论、观念、感想甚至思虑，而是生命置之上的亲历。正如奥尔波特所说的那赌注——持续不断的委身行为加上行善的后果，慢慢增强了信心，使怀疑逐步消失。

悉达多最终找到了他的船。

逝水之上，此岸彼岸之间。作者没有让他成为一个坐而论道的圣者，而成为一个手持篙桨的摆渡人。悉达多穷尽一生所求得的，也不是作为小乘的语言，他曾那样不满于只是布道——当一个只会解释世界的哲学家；他寻找的是大乘所标识的行动。智知者是实践者的前身，从自觉觉他到自度度人，悉达多以一条长河完成了他的席特哈尔达的定位。

他是这么回答他的朋友的。迦文达这时正坐在他的船上。

"你把我们许多人渡过了河，你是不是也是一位在寻找正确道路的人？"

"这位年高德劭的先生，你修行了这么多年，又穿着如来佛弟子的僧袍，难道你还把自己叫作寻找者吗？"

悉达多以行动回答了有关寻找的问题，并小心地将只有一个目标的"寻找"与自由、开敞、没有目标的"发现"做着区分。悉达多以对自我佛性的发现超越了寻找，也终结了寻找，正如昔日他以寻找者身份前后超越了学者时代、苦行时代、信徒时代、商人时代的自我一样；寻找时代的悉达多不见了，诞生的是一个已在正道行走的悉达多。

五台山佛像前那种奇异的要成为他的感受，那种后来才知道的"我佛一体"的体验，它摒弃了对外在偶像与事相的膜拜，挣脱了物理意义的确定时空与逻辑的因果关系，找到另一个途径了吗？这种经验，每个人在不同的时刻、机会、地点里都会以不同方式而获得，而到了后来才会慢慢体味到它的震撼。

树要开花。如今我明白，这可能正是佛要告诉我们的。或者说，是佛的显身。

驾舟的老人最后告诉坐船的年轻人回头已无路可走，并表示要把掌舵的位置交给他——黑塞另一不足5000字的短作《笛梦》几可视为《席特哈尔达》的附注，或者一篇更简约的独白——

因此我默默地站了起来，从船的一头走向舵位，老人也默默地向我走来。当我们走到一起时，他目不转睛地望着我，把灯笼交给了我。

可是当我坐到舵旁放好灯笼，已经是我孤身一人在船上了。一阵恐怖的颤抖使我明白，老人消失了……

……

我高擎灯笼，俯身到船外的水面上。从黑色的水上我看到了一张长着灰色眼睛、清秀而严肃的面孔，一张苍老而懂事的面孔，那就是我。

一切又走到了开始。

一切都没有变。

大海依旧波涛翻卷。大海依旧宁馨、幽蓝。

下篇

翻阅厚厚的《唐高僧传》（道宣著），和同样40余万言的宋代赞宁所撰的《宋高僧传》，还有大正《大藏经》第五十卷所收的《续高僧传》，更有上海书店1989年出版的《梁高僧传索引》《唐高僧传索引》《宋高僧传索引》《明高僧传索引》里面的数以千计的僧侣的名字与事迹，常会给人这般感觉，那些经了后代撰者仔细擦拭过的名字，像漫长历史中的一个个闪亮的斑点，好像不是历史盛下了他们，给了他们以生命活动的空间、容器，倒像是他们成就或说是拯救了宗教历史的生命；撤走了他们，历史就如抽去了活力，而宗教也会变得了无生息，铁板一块了。

为了避开使历史漆黑一团的命运，这些人才得以以自己的光亮照彻世界似的存在吧，或者说选择了这种存在。无论哪一卷高僧传里，只要是以年代、地点、寺院、姓氏为开始的文字，就不可能不是面对着一个被文字凝缩了的活生生的故事，在时间地点名姓后面，总是藏着一个灵魂，或寥寥数语，或洋洋千言，总在倾诉着一个主题，无论注释、译介还是从事别的什么与智有关的活动，或者是更艰辛的实践亲历，取经或传教，都是这一主题曲的呈示部或回旋曲。无一例外。

于是写在沙上的有这样一些足迹。

作为汉地真正沙门的第一人，三国时魏国的朱士行不会想到他年轻时的一句誓言，竟成了自己一生的归结。为了寻找大乘经典的原本以弥补当时《道行般若》译本的不透彻，他于公元260年开始从长安出发西行出关，他是如何穿过沙漠而辗转到了那个大乘经典集中地于阗的已经无法详尽考证了，只知道他最终得到了《放光般若》的梵本，凡90章，60多万字，当然在传送过程中受到当地声闻学徒的重重阻挠，直到282年才由他的一个弟子送回洛阳，近10年之后，译本译出，已是公元291年了。译本风行京华，被奉为圭臬，从事讲说、注疏的学者和它的影响及弘扬程度都是空前的。而朱士行本人却终生留在了西域。已经无法弄清他是被作为人质扣留在那里的，还是有些别的事情绊住了他的手脚，他一个人在那个叫作异乡的地方，又如何过完了他的后半生也已记载不详，总之生命被分成了段落，总有些段落被漏掉了，形成真空。他本人都不会想到，在此间只是一个誓言就改变了一个人的一生。而后半部竟也变成了空白，遗落在不知什么地方了，只知道，他病故那年的年龄，是80岁。

东晋僧人法显作为中国首次赴印度取经的人，更不会想到一行数人出发到了最后返回国时只剩下他一个人。他的出发动机是与魏时的朱士行一样的，在对律藏传译未全的慨叹声里逐渐产生的前往天竺寻求原本的志向于公元 399 年变作了行动，长安仍是起点，一起同行的还有 4 个人，他们分别是慧景、道整、慧应和慧嵬。河西走廊行旅受阻，在张掖与另一支西行僧人宝云、智严、慧简、僧绍、僧景相遇，秋天的敦煌之后是更难意料的行程，世界宗教人物志《追求天国的人们》一书以文字形式画出了法显一行的旅途："……沿着以死人枯骨为标识的沙碛地带走了 17 天，到达鄯善国……先转向西北，后又折向西南行，再度在荒漠上走了月余……到达于阗国。……经子合国南行入葱岭，在于麾国过夏。后在……竭叉国与慧景等会合。元兴元年（402）……度过葱岭，进入北天竺境，到陀历国。又西南行，到达乌苌国，在该地过夏。其后南下经宿呵多、竺刹尸罗、健陀卫到弗楼沙；宝云、僧景随慧达回国，慧应……病故，慧景、道整和法显 3 人……那竭国小住……南度小雪山，慧景冻死，法显等到罗夷国过夏。后经西天竺跋那国，到毗荼国。……入中天竺摩头罗国……到达僧伽施国，在龙精舍过夏。"而这已是第四个异国的夏天了。

"又东南行经羼饶夷等 6 国，到毗舍离，渡恒河，南下到摩竭提国巴连弗邑。又顺恒河西行，经迦尸国波罗捺城，再西北行到拘睒弥国，他在这些国家，瞻礼了佛陀遗迹……义熙元年（405），他再回巴连弗邑……3年（405—407）搜求经、律、论6部，并抄写律本，达到求法素愿。……唯一的同伴道整，乐居天竺，法显便独自准备东还流通经律，东下经瞻波国……到东天竺多摩梨帝国……写经和画像……义熙五年（409）冬……离印度往狮子国（斯里兰卡），并为继续搜求经、律在狮子国住了两年（410—411），抄得4部……义熙七年秋，他搭大商船泛海东行归国，途遇大风……漂流90天，到了南海的耶提婆。次年夏初，他再搭乘大商船……往广州……又遇暴风雨……经过了两个多月的漂流，终于航抵青州牢山（青岛崂山）南岸。"至此重又踏上了国土，已是公元414年。至此，30国的旅历流逝了法显生命里的15年，这个时间，恰近七分之一个世纪。10人同行的开始，"或半途折回，或病死异国，或久留不还"，而今回来的只有法显一个人，从沙漠出发，经历海行，到达祖国，又赴建康（南京），后转到荆州辛寺，晚年是经注经译，直到逝世前他的译事才告一段落。经由生命留下的抄本有《摩诃僧祇众律》《萨婆多众钞律》《弥沙塞律》《长含经》《杂藏经》等，译本有《摩诃僧祇律》40卷……《大般泥洹经》6卷等48卷5部，此外还有一部西行经历的著作《佛国记》，被称为世界较早的古代游记之一。

　　时光翻至约 200 年后，唐代僧人玄奘在他 27 岁那年从长安遥望西部沙漠时的神情是庄严而坚决的，不然他不会在陈表请求西行而未获唐太宗批准的情况下顶着"冒越宪章"的罪名而毅然私往天竺取经。已经难以想见那是怎样一个月夜了。是宗教的信仰热忱——求《瑜伽师地论》以会通法相各异之说的志愿——战胜了包括来自政权的世俗困难。从长安出发的公元 628 年，是唐朝著名的贞观二年，第二年的正月，玄奘到达凉州，后到达高昌王城（今新疆吐鲁番），此后是屈支、凌山、素叶城、迦毕试国……葱岭、铁门、睹货罗国、缚喝国、揭职国、大雪山、梵衍那国、犍陀罗国、乌仗那国、迦湿弥罗国，两年之后，是磔迦国、至那仆底国、阇烂达罗国、窣禄勤那国、秣底补罗国、曲女城及至摩揭陀国那烂陀寺，而后是伊烂拏钵伐多国、憍萨罗国、安达罗国、驮那羯磔迦国、达罗毗荼国、狼揭罗国、钵伐多国和对那烂陀寺的重返，再后是低罗择迦寺、杖林山和再返那烂陀寺，这些步步走过的地点，有着明人吴承恩笔下的艰辛，却无《西游记》里的谐趣。此后是曲女城的佛学论辩大会被尊为大乘天、解脱天。在那场论辩会上，集中了几近全部的佛教本土印度的学人僧侣，然都未能对佛意解悟到他那种地步。公元 645 年，玄奘返抵长安，如今已无法重现当时"道俗奔迎，倾都罢市"的盛况了，只知道他婉言拒绝了唐太宗对其还俗出仕的建议，而代之以弘福寺的历时 4 个月时间的《大菩萨藏经》20 卷的译本的完成，此后的译著有《显扬圣教论》20 卷，《解深密经》《因明入正理论》《瑜伽师地论》100 卷及《能断金刚般若波罗蜜多经》，并著有《大唐西域记》，再此后，是 663 年完成的 600 卷巨著的译本《大般若经》。前后译经论 75 部，1335 卷，回国后的弘福寺、慈恩寺、西明寺、玉华寺构筑了他著作的后半生，至 64 岁身心交瘁而去世时，他已很严格地完成了他行万里路、传万卷书的一生。这是一个教徒的一生。单是记忆那些一步步走过的地名与那些一字字译出的经文的名称，对于我们来讲，已是一种冶炼。唐三藏，当然是后人怀着敬意称谓的，这个名号后面的人，毕生献给了佛教而并不认为这就是献呈。

　　玄奘也正以他的方式，为唐代作了一个时代的结。这个结，不是收束，它代表了唐朝人文文化的最高峰。

　　还有些名字是刻在水和波涛上的。
　　那些故事总是开始于海洋。

稍后的唐代。大约是因为上一年的西行未成，第二年秋天，义净在广州搭乘波斯商船泛海南行，弟子善行也在那条船上。那一年，是公元671年。在义净的身上，我们总能看到一些法显或玄奘的影子。20天后，他们到达室利佛逝，6个月的学习之后，善行因病回国，义净一人仍然泛海前行，末罗瑜、羯荼、东印耽摩梨底国、中印度各国等30多个国家驰过去了，无论海上还是陆地，现在寻看那些奔波的足迹总有一种仍在水上的感觉。义净也去了那烂陀寺，并且一待就是11年，大多数时间是在经卷面前过的，他翻经籍的手有时会有一种点数波浪的感觉，在他携求得的梵本三藏近400部合50余万颂经典返国之前，归途重经室利佛逝，然后是广州与室利佛逝之间的穿梭，目的只是抄补梵本，直到695年，他才回到洛阳。于佛授记寺会同其他寺主一同译《华严经》，这时从他旅行起已是14年过去了，又是一个过去的16年，之后，义净于711年，共译抄经典并著述61部，239卷，还有作为他行走的生命见证的《大唐西域求法高僧传》2卷和《南海寄归内法传》4卷，它们同样是那个时代的见证。

与这个取经的事迹相对称的是那个鼎盛时代必然要出现的传教的故事。

独步江淮的律学大师鉴真于公元 742 年 10 月在扬州大明寺为众讲律时，已在中国待有 10 年的日本学问僧荣睿、普照已在此前为请师前往日本传戒一事做了大量工作，这一天他们来到大明寺参见鉴真。在荣睿等人的恳请下，在弟子对传法之询的默然不对的情况下，鉴真说了如下一段话："为是法事也，何惜生命？诸人不去，我即去耳！"由此，弟子祥彦、道航、思托等 21 人愿随师同行。这一年正是天宝元年。此后，743 年——天宝二年春天，由于如海的诬告，荣睿、普照被遣送回国，鉴真东渡第一次遭受挫折；这一年的冬天，12 月，185人的船队东下至狼沟浦船被风浪打破，东渡遭受到二度挫折；鉴真和众人涉寒潮上岸，在下屿山住了一月，船修好后，拟到桑石山，风浪再次打坏渡船，这时水米俱尽，饥渴三日，当地州官安置其一行于明州（今宁波）阿育王寺，东渡的第三次受挫时，已是天宝三年的春天了；越州、杭州、湖州、宣州不断来人请在明州的鉴真讲律，此间，荣睿再次成为被告，几番周折后，仍无退悔意，鉴真为此率 30 余人长途跋涉想从温州到福州搭船出行，受到扬州弟子等的阻拦，鉴真在差使严密防护下送回扬州本寺，东渡四度受挫。748 年——天宝七年，60 岁的鉴真与荣睿、普照一同重做东渡准备，船与物品一一备好，祥彦等 12 名弟子及荣睿、普照等 35 人于这年 6 月 27 日出发，中经常州界狼山风浪、越州暑风山停住一月，10 月启航，在怒涛中漂流 14 天，竟漂至海南岛振州，广西、广东始留下鉴真的足迹，而疾病也夺去了荣睿的生命，开元寺停住后，鉴真送普照去往阿育王寺，执手相泣的眼泪里有诸多的未能遂愿的遗憾，天宝九年的某天，鉴真的双眼失明了。此后是祥彦之死持续着精神上的煎熬，一万公里的水陆往返标识着所经挫折后最惨重的一次，这是第五次东渡失利。这一年，750 年，在鉴真一生中经历过的悲欢离合，是不会被轻易忘掉的，从后面所发生的事件可以看出鉴真对它的特殊记忆，753 年——天宝十二年，65 岁的鉴真毅然答应日本遣唐大师的东渡传戒的请求，日本使船共 24 人出发，11 月 15 日到 12 月 7 日、20 日，754 年的 2 月 1 日、4 日，九州、难波（大阪）、平城京（奈良）直至东大寺，鉴真在其九死一生要到达的地方留下了他最初的足迹。至此，754 年，以死去同伴 36 人，道俗退心 200 多人，前后历经 12 年之久的六渡，鉴真完成了他东渡传戒的第一步。站在异国国土上，鉴真和与他站在一起的共同经历六渡的普照、思托会想些什么已经难以详知了，那种心情却是可以猜见的，一个双目失明的老人面对终于被他甩至身后的波涛时，他的胸中一定是更猛烈的万顷波涛。他被尊为传灯大法师，此后日本的佛教、建筑以及医学都得到了极大的推进，我至今还记得十几年前我十五六岁时看中日合拍的传记电影《天平之甍》时的一个镜头，我想以后岁月的流逝也再不会夺走那个影像——一个眼睛什么也看不见的老人把别人递过来的一株草放在鼻子下面仔细地辨别着。那种神情，有神在场。少时还未对佛教有多少了解甚至谈不上常识水平的我是在许多年后才知道鉴真被日本医药界尊为始祖。那种放一株药草在自己的鼻子下面的专注神情，在我心里静静地不断重放着，有时竟分不清究竟哪是少时的记忆哪是后来的体验加入了，让我知道了医学也罢甚至整个科学，和宗教的某种神秘意义上的相通，尽管后来它们被分隔而产生了看似不可弥补的裂痕，那不断重放而且愈益清晰的鉴真的沉静神情让我相信，还有另一种划分，另一种无隙，存在着。而之所以在这里一直在公元纪年之后也缀上天宝年号纪年作为补充，还是因为那部影片，它字幕打出的"天宝元年"至"天宝十二年"的字样与那画外音的重复相一致，在我写下以上文字时，回荡在耳畔的依然是多年前让我止不住落泪的那个声音。但愿如此落下的文字也能延续那种声音。

　　西行泛海是为了取经，东渡是为了传教，同样是一个佛教，却引得多少僧侣不惜生命也要达到他们的志愿。长久以来，在放下由他们中的一个带回来的佛典经籍的一瞬，一个问题总是成为纠缠，是什么使得他们如此做，而不悔，不如此做，却有憾？这是一个俗世的问题。之所以没让它真正困扰我而拘束了我的精神，要感谢的是那关于"渡"的念想。度众生与涉重洋在意义的时空里是重叠的，是形上与具体的关系，是理论与实践合一时对生命的填充，是生命必要体现的那种自然天生的价值，所以无论面前是沙漠，还是海洋，亦即无论面对着怎样形式的可能的死亡，站在沙前与水上的人都不会有丝毫萎退，有另一个绿洲，另一个岛屿在前面，他是一定要去的，而要去，就必达到。因为有另一群人等着他渡。而他，只有自己完成了某种预先命运设置的"渡"——一种对自我胆识、能力、素质、个性的全面考验的渡之后，他才取得了度他人及至度众生的资格。不是吗？渡，在这里是一个实有，也是一个象征，是我度到度他而至共度的象征，经由流水一样时间的打磨，渐渐地，它成了一切事相的概括，成了一种寓言，而我愿相信的，是，它是一种人间的神话。创造者与他的创造一同获得了永生。这也许就是渡的含义。

　　一定是的。

不然我脑海里不会总浮现这样一个"神话"。从哪本书读来的已然弄不清了。说了这样一个意思，有一天，一位传教士到一个小岛上去传教，上面只住着几个——大概是三个——记忆力相当不好的老人。传教士可能是神父或者牧师，对岛上的这三位老人讲了又讲，一遍又一遍，直到这三位老人记住了，他才乘船离开，然而船走到海洋中间，传教士忽然听到身后的海洋深处有人喊着什么，他回过头去，看见了正在向他驶来的另一条船，那条颠簸的船上三位刚刚听过他传教的老人朝他使劲挥手，就这样两条船一直被海水带到了彼岸。下了船，传教士问三位老人，为什么跟他来到这里，三位老人回答，你走后，我们忘了那些传教的内容了（可能是教义）。传教士听后，长久不语，他可能是缓缓转向海洋的方向，说了这句话的，他说，你们已经记住了教义，你们已经穿越了海洋。

渡，联结了取经与传教、此岸彼岸，大多数情况下，因了水的存在，隔开本身也就变成了联系的别名。

于此，<u>重述那些路线是有意义的</u>。

汤用彤先生在其《隋唐佛教史稿》中列出的5条西行路线是：

1. 凉州－玉门关－高昌－阿耆尼－屈支－逾越天山－

大清池－飒秣建（中亚）－铁门－大雪山东南行至犍陀罗（印度境）。

2. 自玉门关西行经天山南路，由于阗及羯盘陀（塔什库尔干）再过葱岭，达印度境。

3. 经高昌－焉耆－疏勒－于阗再过葱岭，以达印度境。

4. 所谓之吐蕃道，系由西藏出尼泊尔，达北印度。

5. 广州－室利佛逝国－或至河陵州（爪哇）－经马六甲海峡至耽摩立底国或至狮子国（斯里兰卡）再转印度。

这 5 条线路，无论沙路还是海路，都标识出当时的一种特殊的人文景观，它的意义不下于当今显出其经济价值的丝绸之路。可是对这一点仍然有待于进一步的认识，它的人文价值，尤其是宗教意义之上的人格意义的确认仍需进一步的社会人文的进步才能给予证明，或提醒。它在相当大程度上区别于丝绸之路的是它的个体性、非官方性，它不是依赖于有组织的活动，或是来自外部的加之生命上的任务，都不是，它出于个体的选择，这选择当然包括了牺牲，但这种牺牲与丝绸之路同样要付出的牺牲的区别是，前者是没有利的回报的。这是很重要的一点区别。这种"牺牲"是更纯粹的，它区分于"代价"，它不需以另一种得到来填平。如果假以时日，我向往着有朝一日能写下它的意义，以更纯粹的文笔，更宁馨的心情，予以揭示；而更大的向往是能够亲自走一走那5条路中的哪怕一条，重新体验步步丈量过它的先行者行走时的心情。我想，那对我是有意义的一桩事情。

我不会放弃实现这个梦想的任何机会的。

另外还有一条路线，是看不见的，而且不能在任何地理图示中标识出来。

这是一条隐线，只是在晋至唐的隐居的慧远、面壁的达摩、顺其自然的慧能和作为执劳的怀海等身上体现出来。

慧远隐居庐山，30年光阴如一日，那种不让俗世沾染自己影子的决心是今人所难以想见的；更是当今一些有着洁癖的知识者所不及的坚决，使他平时经行、送客均以虎溪为界，此种与信仰一致的观想生活不仅使其被后人奉为净土宗初祖，而且产生了如下浩瀚的著述：《大智度论要略》20卷，《问大乘中深义十八科》并《罗什答》3卷，《法性论》2卷，《集》10卷等。

对比学者型的慧远，二三百年后的另一位宗师慧能则有些自由派的味道。这从他的"诸佛妙理，非关文字"即可看出，何况后来又有相当知名的一偈："菩提本无树，明镜亦非台；本来无一物，何处惹尘埃！"正是这一偈使他得了弘忍的禅学衣钵，再后来，是"不是风动，不是幡动，仁者心动"的辩答；不立文字即舍离文字义解而直澈心源，称之如人饮水，冷暖自知，教人从无念着手，"见自性清净，自修自作法身，自行佛行，自成佛道"，足见他把佛教中的自由意志以及人在实践自身（而非单纯教义）的人格内涵放在了怎样重要的位置。

1985 年，我大二时，有一次去嵩山少林寺。在那个当时还是空荡荡的依山走势的重叠的大院落里游荡有一种世外的寂冷，我不知怎么就和同行的人（一个作家代表团）走散，到了一个更加寂冷的院子里，走进一扇半掩门的厢房，不期而遇的是那房中一块硕大的石头，立在一面墙侧。因为此前读过一些达摩的故事，尤其他十年面壁一节，曾是高中苦读时不断在心里重复讲给自己听的，所以现在仍能记起当时认出面前这块石壁时心的一阵狂跳，上面的胡须清晰可辨，初见给人刻画的感觉，细看却是九年时间默然的痕迹。我只记得那感受，更多的已经模糊了，正如那石上的写意，时光铭刻下一些什么时总要同时收回去另一些东西。流逝而去的九年，换来的是人心的中直不移，是舍伪、归真、无自、无他，是一种简易到不能再简易的禅法。这是一个南天竺人在中国做的事情，这是一种经心为镜以壁为镜的宗教实践，日后在几乎一切事物上我们总能看出它的影子，在一些不经意的小事上仍有着达摩那副坚毅面容的投射，有着那样一些在关键处检阅我们自己意志的壁上的深深烙印。

住地在江西大雄山，又称百丈山的唐代禅僧怀海则更主张一种自由不拘的心性，他的名句是"灵光独耀，迥脱根尘，体露真常，不拘文字；心性无染，本自圆成，但离妄缘，即如如佛"；这是一种相当解放的佛教观，比慧能等的禅学观更进一步，为此，他还立了"一日不作，一日不食"的规则，劳动实践即是禅院的一项主要事物，禅院不立佛殿，却设法堂，而《百丈清规》的制定也使得由慧远而下的自省传统有了"立文"式的检测，因为其书于宋时失传，即便存在，也很难说这项清规的制定是对人格或者佛教本身的发展有多少积极或消极的影响。有些事总是后人无法确切评估的，不能测量，只是觉得，那百丈山壁的选择有着某种难以用现代语传达的意思，四方禅者集聚在那里，每日所面对的高峻岩峦的景象，他们在雁行立听长老说法的时候，真的能做到放舍身心、全令自在的心地若"云开日出"的空蒙明彻吗？我是宁愿相信的。

内省的这条路线最终还是回到了以清规来陶铸心性的外力限定，似乎已是文化的一个规律，宗教也未能打破。而慧远、慧能等创建的自省之路也至此真正地沉到了底层，成为更精神性的存在，成为更个体的价值呈现，成为文化潜在的形式发挥着它无可替代的作用，这作用相对其所处的时代所要求的，总是超前那么一些，好像是一种人对历史的预定。而在这个层面，争执大乘小乘是愚蠢的，自省所蕴含的交融似乎已使它获得了某种超越，它使任何从现实意上考察它类别并依此鉴定其优劣的方法都显出笨拙。这是这一路线给予我们的一种重要的思想。它可能也从另一侧面暗示了这个民族反思文化虽处潜流却相当坚忍的原因。

怀海的故事说明了佛教仍是济众的，个体实现者并未把自己作为修道的终点。高僧是无数僧迦的代表，在僧迦中起着某种精神领袖的作用；而无以计数的各个时代的僧迦作为佛教精神的基层贯彻者，也以他们的生命为人类生命的更完善的实现做着他们的铺垫。这种情形，很像一个金字塔，从佛陀到佛、菩萨再到高僧与僧迦，一个由人筑成的金字塔，完善人格是它内部的骨架或者支撑，而它的塔座则牢牢地扎在一种特殊的"土壤"里，这种土壤是有生命的，这种土壤就是——众生。

众生中的大多数确是在感到需要佛的帮助时才去信仰的，膜拜成了一种乞求的仪式。对于他们而讲，宗教只是一种含糊的情感反应，而非理智追求，大多数时间是为了获得力量、运气才去承认佛（神）的存在的，目的是为了护佑，而不是或不直接是尊严与精神，追求来生的此在性并将神作为一种心灵的依赖，成为宗教在此岸普遍存在的基础。

但仍不能一以概之。仍有某种共通处，众生与佛陀——佛陀就曾转世为匠人等老百姓中的各色人等——于人格上可见二者没有本质不同，差别只在层次，或说类型，精神型的宗教与情感型信仰以及实用型的需要，只是这个划开了界线。尽管膜拜的众生中有以实用为目的的部分存在，或者他们将功利之心掺杂在信仰里，但仍不影响虔诚的质量，我宁愿这么相信，而不去选择现成的一概而论，像传统那样统统将之视为是无人格的群体存在。虽然我承认这是一种简单省力的方法，但我对它仍有保留。人格在这里是更个体性的。不是没有人格，而是人格呈现了碎裂的状态。更不能由此推断佛占有或夺去了他的膜拜者的人格，虽然确有抹杀的成分在内。我以为，在某种程度上，可说众生与佛、佛陀是共体的，一方面是互存性，一方面也是一体的，甚至前者就是后者的分裂，而后者正是前者的聚合。可以这么说，假如不是出于人格的关系，众生（膜拜者）与佛、佛陀（膜拜对象）都将是空洞的；如果擅自取消了其中任一方的人格——历史上常常是这么做的——那么与之相对应的另一方的人格也是不被真正承认的。由众生回到佛陀似乎是一个"轮回"，虽然我们不去这么说它。如此，那个金字塔则由其社会意微妙地完成了它向人格意的转型。

自性即佛，至善人格已存人身，而对至善人格固守的方式是自我体悟，这一种精神的内敛，使境界不再是一个外在的词，而是经由某种修炼必达的目标。祛除了市世污染的我向更高的自我迈进的路途中，修炼不免有对人格的部分牺牲，如曾被抓住不放的禁欲成分，而禅学在破除了此种肉体损失而带来的精神长进的折磨的非人道成分外——如慧能起至近代佛学一直在重申在家菩萨的可能——虽也起到了某些为士大夫的陋习做了伪装的作用，却也在此意上达到了对佛教一贯的偶像崇拜的破解。禅学，作为佛教中的新生体，在人学方面所做的努力是值得强调的，自性在这里得到了它历史的放大，同时也落在了它应有的位置，《五灯会元》里记载的嬉笑怒骂，作为一种解脱甚至解放的思想体现，作为对偶像——权威体系的反动和这反动所蕴含的对人性、自我的张扬，是超时代的。对于那个封建体制而言也不啻是具备先锋意义的。这是不应被忽视的一点，而这一点，恰恰是关联人格的。

在对佛教人格图示作了如上的描绘之后，我仍感到有些话没有说完。从人类思想史的角度讲，针对宗教的攻击总来源于人本主义的方面，两者总是站在各自一方立场上说话而不在意被攻击的对方恰恰代表着自己缺乏的方面。这大约是一切分歧存在的原因。正如约翰·麦奎利在《二十世纪宗教思想》中总结所言："对人间事物的兴趣，有时变成了排他性的，因此60年代，一些人排除上帝并宣布他死了，而在70年代，另一些人则剥夺了基督的神性。即使在世俗和人本神学的一些温和形式中，人们有时也会得到这么一种感觉，即仿佛回到了19世纪关于进化的理论之中，而20世纪的那一切教训，则被以一种最不花力气的方式，扫到地毯下面去了。"在对这种对待思想遗产的简单做法的克服背景下，作者进一步阐述了他的信心，那无疑也可看作一个提醒——

人是一种奥秘，他不断地超越出自身之外，他随身带来了理解超越意义的线索。贝加也夫写道："人不是世界的一块碎片，相反，包含着整个的宇宙之谜，以及对这个谜的答案。"如果确乎如此，那么，人类的宗教探求，必将继续进行下去。

这些言说虽以 20 世纪宗教为文本，却也可以涵盖古往今来。要补充的一句是，人类的宗教信仰和他所依托的追求真理的人格是一个共同体，他们生长在一起。

至少在我心目中是。至少在那些我称之为知识分子的教徒的实践中是。

佛教作为纯粹的东方宗教，破除了世界宗教格局的二元论，使人心信仰多了一种选择的运命，这种对二元格局的破除仍然贯彻在它的教义中，它放弃了非此即彼的思维模式，在把握世界与评价人物上也不拘泥于善恶的分界，而以一种大度宽容看待人生，以一种领会与彻悟来透视生命，而不是以它的教义教规作为束缚的锁链，虽有禁忌，但它知道怎样在真正的自我与伪自我间作一区分，从而贯彻、调适或者顺从正常的人性。

由此，佛教真正将一种反省心理机制建立了起来。反省，这一笔珍贵的精神财富，这个智识者的思想传统，从外部而言，是将世界了然于心，过滤后而在加深对生命本质的了解中充实主体，从而达到个体生命与全整宇宙的谐和，从而在对外部事物所持的善意的怀疑态度上更进一步达到对权威的彻底破除，而把自我立起来；从内部讲，反省，则体现了一种哲学的意味，它是对现实的一种焦虑，很有些存在主义的味道。无怪乎到了19世纪，克尔凯郭尔作为一个基督教徒却仍保留着他对东方文化的兴趣，而20世纪的另一存在主义者海德格尔作为一名受着现代化教育并生长在科学分析时代的哲学家却也从不掩饰他对佛教的流连与痴迷。

与人格直接相关的佛教的主体意识的侧重，从它有关成佛的理想中透露出来。成佛，翻译成现代语，更像是一种自我实现，它不以字面的佛为目的，有许多菩萨一再延迟自己成佛的时间，是因为他们将对仍处于苦难中的众生的救度理解为一种自我实现。由此而来的修行虽则艰辛，也因为有更高一层的理想存在而变成了一种幸福，这是只有当事者才能体认的。佛教所包含的这一层自由，也正是当代精神分析学派由当代精神生活的困惑所要找到的。日本铃木大拙与美国弗洛姆、马蒂诺合著的《禅宗与精神分析》一书中所收录的篇什体现了这一融合。

在对自我理想的自由追求与奋力实践中，在对这些为人类自我实现而定出方案并做出解释的宗教的研究中，常会产生这样一种感觉，佛教作为一种古老的东方宗教，它的含义日渐越过了教义的范畴而进入人们的实际生活中，并对人的情感、思想、心灵、精神起着不容忽视的作用，尤其在一个某种程度上已物化或复制化的世界里，在一个习用惯性似乎统领一切思维与生活方式的时代。

对精神个体而言的自我实现与对社会精神而言的人道主义的精神乌托邦的理想与设计，佛教与其他一切宗教一样，在完成着它的历史使命同时，也在不断地更新自己。在它备受指责的时候，它没有舍弃它所坚认的东西，这是在是非之外的价值，在向人的人格健康、完善的追寻探索中，它着实做到了无所畏惧，在由奴役人向自由人的进程中，它紧紧地与人之现实境遇联系在一起，它指出一个人应过的那种自由创造的生活而不是被自己的创造物包括科学在内的职业界定或既有概念下的生活，知性在这里让位于意志，主体人格上升到突显的地位，自性在万物中得到体现或找到对应，表现者与他表现的对象以及他正在使用的表现形式是那样和谐地结合在一起，成为一体。自性是那样一种美好的东西，正如理查·德·马蒂诺在《人的境遇与禅宗》一文最后讲他对以禅立身的理解，是：

现在，它终于认识自己已经就是"其父母生前之本来面目"。

现在，它看见了"无"，听见了"一只手拍掌的声音"，能够"不用自己的身体、自己的嘴和自己的心"来表现自己的自性。

现在它终于悟出了他"死后烧成灰，灰又随风飘散"时它是谁和它在哪里。

最后，这就是超越了其最初之自我意识的存在困境，得到了完成和实现人的存在。这就是充分成为和充分拥有了自己和自己的世界的人，这样的人能够"移山填水，改造大地，将它们还原为（他的）自性"，并且能够"重铸（他的）自性，将它转化到山、水、大地中去"。

顾盼来路，让我重新想到的仍是那个关于教士与海洋的故事，在去年的日记中我查到了它的出处，原版讲述人是托尔斯泰，语出布鲁诺·沃尔特著的《古斯塔夫·马勒》，作者引用了托翁有关三个虔诚老人的传奇故事：

> 主教上岛访问了他们。他们千百次地请主教教他们读主祷文，但是他们怎么也记不住祷文的内容。后来，他们终于记住了。主教离开小岛后很久的一天晚上，发现他们在海面上跟在他后面走，他们说，他们又把主祷文忘了。这时，主教深受感动，对他们说："你们已经通过了大海，还有什么要学的呢？"

这个故事讲的是一切宗教，或者借宗教，讲的是一切人生。

澡雪春秋

子曰：德不孤，必有邻。

——《论语·里仁》

上篇

　　早我出生 10 年出版的李长之先生的《孔子的故事》，我在而立之年读到，竟不能释手，已经是第三遍读它了。这部有着钢蓝底喑哑般的封面上站着我从儿时记事起就熟悉的形象，那个老人已经有两千五百四十八岁了，却仍是那样矍铄俊彦、清朗澄洁。他站在那里，脸上永远带着世人无法表述而又是对世事全然了于心的参悟的微笑，那种兼有正直坦荡之质与凛然威严之气的神貌，即使在兵荒马乱的中原地带行走、流浪的那昼夜兼程的 14 年里也没有丝毫的改变。

占了这本不足 7 万字的"小"册子的中心篇幅的，是孔子由鲁出走后的在中原诸侯列国的辗转，齐景公的 80 名美女、120 匹骏马停在曲阜南门外，鲁定公与季桓子的目光便越过了 3 年前夹谷之会为鲁国赢得三个城池的孔子，而变得模糊起来。孔子并没有等来祭天的祭肉，就在子路催促下上了路，走到鲁国南境屯时，等到的也只是一个送行的师己，而他的到来也仅是为了探探孔子去国的口风罢了。有谁想到这就是那个遥遥的 14 年羁旅的开头呢？催促老师出国的子路想到了吗？受到冷淡的孔子想到了吗？命运倒出的这样一个线头，它的终点又结在哪里？那一同在黄昏时走出国境的有着缓缓影子与清瘦身躯的一行读书人，会想到这场自我放逐的结局吗？

　　孔子终于出走。他无法忍受的就决不营苟。

　　无论历史如何记述那个孤单的开始，孔子还是做出了他的选择，无论这选择是在怎样一个被动的境遇里发生的，无论他是否知觉到这选择背后即是对自己的选定进一步的全心意的承诺，对那个自觉到又未详知的将来，对天命所要他接着做的；反正，他上了路。这一年，是公元前 497 年；这一年，孔子 55 岁。此后，是在卫国受到的监视，过匡城被拘留，晋国边界的天不济，复回到卫国后的3年滞留,过宋国时遭到的迫害,在陈蔡的绝粮,不辞劳苦行至楚国边境却逢楚昭王病故,负函的等待成为泡影,返卫而后归鲁,生命里的14年光阴是由车辇上的尘土做成的。我手上现有的两幅《孔子访问列国诸侯示意图》,见于齐鲁书社1985年3月版的《孔子评传》(匡亚明著)和花山文艺出版社1988年12月版的《孔子传》(曹尧德、杨佐仁著)。从两幅图上,可以想见只有马、牛和木碾车的时代里的那样一种辗转:鲁之曲阜,过大野泽,经郓城到卫之帝丘;至匡折回帝丘到曹之陶丘;经定陶到宋之商丘;向西经睢县到郑之新郑;向东南到陈之淮阳;折向西南到蔡之上蔡;南下至负函(今信阳市);匡氏书中的图这一处已是孔子行迹的最南端,曹、杨的示意图将孔子的行迹向南延展到郢,在汉水以南。回走的路线是由重线标识的,由负函或郢直接到卫,由卫东行至鲁,南下的折线与北上的直线标识着不同的心境,那种向上穿越中原的气魄有一种归心似箭的味道,"归欤!归欤!"的急切语气里当然有天命不遂人愿的不甘。

展卷看一个人的行走变得如此具有魅力——原来不曾发现,以至我将匡氏书前那幅较为详尽的图复印了放在书桌的玻璃板下,渐渐地,鲁—卫—曹—宋—郑—陈—

蔡—楚等国国名，变得不再遥远，而那途经的自远古时就闻名的几大水系——济水、颍水、淮水，或者还有汉水，以及流淌其间的睢水、沙水、汝水，都变得清晰起来，仿佛它们是一条自东向西横亘中原的河流，可以看见它在阳光下反射出的黄金碎片样的波光粼粼。实际上，孔子不曾到过比负函更南的地方，比如曹、杨二人绘出的当时作为楚国国都的郢，那应是汉水流域，现在的湖北境内，《史记》上说到的负函即现在淮水流域的信阳市，应是当时孔子足迹的极限了。

俯身望着这些中原地名，这些一个55岁的老人一步步跋涉到69岁的地方，那些折线与直线的来去，我心里是曾暗下决心沿着它走上一走的。地点都集中在山东、河南境内，现在又有着大大方便于古时的交通，作为一个生长于中原的后人，我没有理由对两千多年前的那次中原的流浪采取漠视旁观的态度；而且我想，如果走的话，也应该采用走的最朴素的方式，用脚丈量。我太想知道那藏在一个个地名后的思想秘密了，在春秋那样一个大动荡的时代里，一个人走在诸侯争权、国家裂变、礼崩乐坏、人心游移、一切都不稳定的路上，一个人面对一个冰上火中的世界——尤其中原小国常常旦存夕逝的世界，那个领着一群弟子在此间到处闯荡寻找出路——不是为自己而是为时代——的已然超出了他自己所说的"知天命"年限的人，他当时的一路行走，寓言的究竟是什么呢？这个谜，是只有亲身走一走那路或许才可解开的啊。

让我真正看重长之先生这部加了后记方满110面的书的——现在哪一部儒学传记不是洋洋数十万言，而当时这部小册子花4角钱即可购到——是它正文前附着的一些墨拓和手绘，图7至图10表现的4个情景，几可视作孔子一生性格的缩写。一幅选于明墨拓孔子世家图，讲孔子和弟子们在宋国树下讲学，宋国司马桓魋叫人来砍树。图右侧三人砍树，中心位置坐着孔子，安然地给恭立于前的弟子讲课，那神情好像什么事也不曾发生。《史记·孔子世家》中孔子的那句话就是这时说的，面对弟子"可以速矣"——即让其快一点逃离——的劝解，孔子脱口而出："天生德于予，桓魋其如予何！"一幅是明崇祯刊圣迹图，内容是孔子在陈国到楚国路上被乱兵包围，粮食也吃光了，可是他还照常给弟子们讲学。关于这幅图所描绘的事件，下面我还要涉及。图9仍选自明墨拓孔子世家图，记孔子在楚国的边界上经过，有个好像疯疯癫癫的人，到孔子车子前面唱歌，不赞成孔子各处奔走。《史记》记载的这个楚狂人是出现在长沮、桀溺和荷蓧丈人之后的，孔子答前两者尚有"天下有道，丘不与易也"的自辩与"隐者也"的不予理会，而对这个歌人，他下了车，想与之交谈，那人却趋而去，只留了背影给孔子。图上孔子尚立于车上，抚栏而听，更细部的表情看不分明；图10是明崇祯刊圣迹图，述孔子和弟子们编写《春秋》、整理诗歌和音乐。这已然是归鲁以后的晚年生涯了。图中的孔子正面居于黄金分割位置，他的前方是一案几，弟子们立侍周围，奇异的是孔子头戴一顶官帽，年纪似乎比流浪时还要小一些，那副肃然沉着的表情有些不似在途中的形象亲近平易。讲学、旅行与著书构成了孔子的一生，所以那概括也相当容易做，那结论好像也是现代至今一切知识分子所做和正做的。多多少少，单从这点来看，每个选择了如此生活的知识者身上都能看到一些当初孔子的影子。然而深想那行走的目的时，会有一种眩晕，一种目的与初衷相叠的感觉，纠缠不清的是那离开的缓慢却果决，如果没有子路的催促呢？他最终也还是要离开的，他离开的不是因美女与良马而引起的智不如声色犬马的一时委屈，"道不同不相为谋"，这才是他远远走开的原因。他无法忍受的不是这样一个国君，而是自己的祖国竟掌握在这样一个国君手里的事实。他感到窒息。而他精心维护的仁又无法使其采取兵变的形式——虽然他在以后也曾遭遇过这样的情况，但他实际上拒绝叛乱这种方式，他一生都在拒绝着这种方式，他是要为一个时代建立一种稳定的秩序才不倦奔走的。实际上与其说他是在期待着一个发现他治国才干的明君，不如说他以行走的方式远离着任何当时行盛于世的不义，这层隐衷使那场延宕了14年的行旅有了一种放弃的色彩，他所积极寻找的和他所一定抛弃的相互纠结，直到3年居停去陈的那份感慨——"归欤！归欤！吾党之小子狂简，进取不忘其初"。其初又是什么呢？有种警醒在里。14年的明君之梦，终于被归鲁后的学问生涯代替，也许真正的经世致用不是面向一国一城的，一种秩序的实现恰是覆盖一个时代的。这可能就是楚昭王之死给孔子的绝望中的惊悟，也是他急于回国却又不为仕的缘由。14年的行走给出的结论竟如此急骤，有《论语·为政》为证："或谓孔子曰：'子奚不为政？'子曰：'《书》云："孝乎惟孝，友于兄弟，施于有政。"是亦为政，奚其为为政？'"这句话正讲在他由卫返鲁的时候。

是啊。"其初"是什么？

先是不愿与一个国君为伍，离开一个具体的地方，再是不愿与一切国君为伍，离开一个现实无法实施的念想。从起初到终论，其间隔着 14 年的路程。孔子坚执的仍是他起初坚执的。路途的蹉跎坎坷并未磨去这一点，反而更成就了它。正是将"有为"看成是在更大范围与更长时间里发生作用的事，孔子才在晚年选择了文化，这与其初他的进取——教育相一致。孔子曾在路上问子贡："你以为我是因为多学而认识到这一切的吗？"子贡反问：难道说先生不是吗？孔子否定于此，那答案是："予一以贯之。"由是，反观那场颠沛，便已积有一种芳冽在内，有志向在里，也有疑窦在里。

君子不器。

所以他将那一个问题反复地提于弟子面前。

"诗云：'匪兕匪虎，率彼旷野。'吾道非邪？吾何为于此？"——古时诗歌上说，又不是老虎，又不是犀牛，徘徊在旷野，是什么因由？是我们讲的道理不对吗？不然，我们怎么会困在这里呢？

他问子路。得到的回答是：怕是我们的仁德不够，人们才不相信我们；怕是我们的智慧不够，人们才不实行我们的主张吧。——他对这个回答的回答是，如果有仁德就会使人相信，为什么伯夷、叔齐会饿死呢？如果有智慧就能行得通，为什么比干的心会被人剜掉呢？

他复问子贡。子贡答道：先生的理想定得太高，所以天下不能容先生。先生能不能把理想降低一些？——他对这个回答的回答是，一个好农夫耕种不一定有好收成，一个好工匠做好活不一定正赶上需要，一个想有作为的人有他自己的主张并将它有条理地发表出来不一定人家就接受。你不追寻你的正道而只计较别人是否接受，没有远大的志向啊。

他将同一个问题提于颜回。得到的回答是：先生的理想定得高，所以不相容于社会，但先生一直身体力行推行理想的实现，不能相容又有什么关系？不能相容，才可考验出有德人的涵养。拿不出好主张，是我们的可耻，有了好主张而没有人实现，是当权者的可耻。不能相容有什么关系？不能相容，才可考验出有德人的涵养。对这样一个答案，他是欣然而笑的。于是那即兴的幽默感——为将来多财了的颜回管账——使其回到了他一贯的乐观。君子不是一件器皿啊，怎能用有用无用衡量呢？

"吾道非邪？吾何为于此？"他那反复提给弟子而只要一个答案的问题，是不是也是想向自己求个结论呢？孔子内心是那样的寂寞，不是求而不得不见容于世的落寞，而是同道之中知者寥寥的寂苦。是啊，不是老虎，不是犀牛。徘徊旷野，所为何由？！孔子是那样的自疑，并只从自疑中确认自信，他问这个问那个，也同时问自己，难道有什么错了吗？在哪里？陈蔡之厄发生于从宛丘到负函一段的路上，楚使人聘孔子而孔子也要前往拜礼的路上，吴、楚交战，陈、蔡怕楚任用孔子而危及两国，便发兵将此一行人围于郊野。几天的绝粮正如上述明崇祯刊圣迹图中刻画的——孔子讲诵弦歌不衰。这一年，史书上记是公元前489年。然而，俯读《孔子访问列国诸侯示意图》，这样的地点又在哪里呢？

颍水无言。

汝水无言。

那时并不知已有人间歇走过了这样的路途。在不远的10年前，1987年夏到1989年春，一个老年人为写《孔子》，在其写作前后，6次从异国跑到中国访问山东、河南，并沿孔子被逐出鲁境后和子路、子贡、颜回等弟子历经的14年流浪之路走了一遍。一个80岁的老人这样做是为什么呢？仅只是写作的需要吗？他在序中说道，自己晚至70岁才读让他倾倒的《论语》，而成全了旅途之乐的只是那不足2万字的断章片语"深深打动我们这些即将对人生进行总清算的老人的心"——只是这样一个简单的动机。

一个身材修长的人缓缓地走在前头。

　　这是这部由蔫薑做叙述人的小说讲到的孔子的第一次出场。日本作家井上靖写道：整个山丘覆盖着沙子，连一棵树也不长，但山丘与山丘之间，点缀着稀稀落落的柳树……一个身材修长的人缓缓地走在前头——多少年来，这个人何尝不一直这么着走在前头。在井上靖为写这位老人而奔波于中原路途上时，我相信，他也一直这么着翩然走在作家的前头。于是那座毗邻蔡国的陈国边境的村庄也渐渐地摇近了。"我们仰面躺下，发现头顶上伸展着巨大的桐树枝柯，浅紫色的花朵缀满枝头，在我们这些流亡者看来，显得那么怪诞虚幻又富丽艳美……太阳已经坠落，余晖还在四周荡漾返照……孔子端坐在桐树底下……正用指甲弹拨乐器，琴声悠扬动听。"再没有见过以这样唯美的文笔写陈蔡之厄的文字了。打断了老师的弦歌的，是子路。这就是《史记·孔子世家》中那节著名的记述了，子路几乎是半愠怒地走到孔子面前发问的，那牢骚与怨气都已不可遏——"君子亦有穷乎？"这无疑是对孔子一向的"仁""信"之教的挑战。孔子是这么回答他的弟子的，他一定是停下了手中的琴，但目光却留在那几根静寂而不发出声响的弦上，他缓缓地说出了使几千年儒学讨论遍生歧义也是儒家立身修德的话：

> 君子固穷，小人穷斯滥矣。

惯于按剑的子路没有话说。子贡、颜回没有话说。这句话，仿佛概括了他们行走的意义。古籍出版社 1958 年版《论语译注》中杨伯峻的译文是，君子虽然穷，还是坚持着；若是小人，一到这时候便无所不为了。是君子就不为任何事所动，危难困厄时也不紊乱，能够自己约束自己，坚执自己。这句缓缓脱口而又斩钉截铁的话，使随行的人陷入了沉默。远处围兵的嘈杂，是谁将它放在心上了呢？琴弦止处，连桐花落地的声音都可以听到啊。你以为我只是多学而知道这一点的吗？面对子贡的色变与"难道不是吗？"的反问，孔子说，不，我有一种基本观念去贯串了它。

> 予一以贯之。

正是有这种贯串自己一生的节操，才使得他在那个动乱、分化的春秋时代里变得孤独，也才使他在那个无义战的年代里尚以一己之躯保存着他血缘里认定的殷周的标准。"吾从周。"如誓言般地宣谕了他的不入潮流。虽然经历了14年的迁徙流浪他才亲证了那个初衷，那个进取的界定，然而失望代替了犹疑，自信又代替了绝望，建立在一以贯之的信念下的从容将那个不是从一时政治出发而必从代代相传理知出发的历史文化秩序确立的初衷磨砺得更加坚定了。这个立场的找回，是在困厄与寂寥中完成的，不知觉间，叠过的时光舒展开来，一条河似的开敞在他面前。"逝者如斯"的感念里已经包含了立于川上的人获得的俯瞰襟怀。所以，没有圣人，圣人是后人封的。只有在一个时代里做自己天命做的事的人。他自觉地意识到那责任，便不再推诿，冒着"知其不可而为之"并为世人蔑笑的境遇，做了他要做的事。对这一点，他冉清醒不过。所编《春秋》的最后，他有着这样的自识：后世知丘者以《春秋》，而罪丘者亦以《春秋》。

与《孔子的故事》为同一作者的李长之早在1946年——正好是他写《孔子的故事》的10年前，写过一部书名为《司马迁之人格与风格》的书。

我读到的是1984年三联版，是这几年我从图书馆里借出率最高的书，不同时期多张借阅卡片上写着同一个名字。李写司马迁在性格上与孔子的契合，独到地发见儒家的真精神是反功利。其中他也无一例外地引用了厄于陈蔡的孔子三问，道之不修，是应该苟责于己的，道已大修而不用，则不必责己。"不容，然后见君子！"这句紧扣孔子性格精髓的话，李给出了这样的翻译，他说："救世是一个最大的诱惑，稍一放松，就容易不择手段，而理论化，而原谅自己了。孔子偏不妥协，偏不受诱惑，他不让他的人格有任何可袭击的污点。司马迁最能体会孔子这伟大的悲剧性格。"

反功利，确如李氏所说，对于一个有救世热肠的人更为难得，因为在一个裂变急骤、格局未定的大变革时代，机会太多，一方是寻找，一方是拒斥，孔子失去了许多机会，比若楚昭王的死；同时他也主动抛却了许多机遇，如闻赵简子杀贤者便决然放弃入晋，还有公山不狃的诱惑，哪怕他有"为东周"的念想，还是不能与不道相苟合。所以只是放弃，放弃，离开一个地方，再到一个地方去，直到他走到中原的边界明白了他所找的天国不在地上。那么，归欤，归欤。他的归路走得那么干脆，不抱任何不实的期望，不在任何地点做他以前有所待时的逗留。这就是孔子，这位自知时日无多而归心似箭，一心向往回国以著书而传承"仁""信"精神的人。那方立定的书案就这样诞生于14年的车辚马啸之后。这就是同样于战争年代颠沛于西南边陲的李长之先生所生出的叠印生命式的有关君子正义的感慨吧——所谓有德，所谓阅览博物，所谓笃行，所谓深中隐厚，所谓内廉行修。

仁远乎哉？我欲仁，斯仁至矣。

中国历史上第一个为孔子写传的司马迁在他破例将世家这一称谓与体例给了孔子的《孔子世家》里，将那14年的颠沛写得极为简约，是"已而去鲁，斥乎齐，逐乎宋、卫，困于陈蔡之间，于是反鲁"。写他的归鲁也是一笔带过——"孔子之去鲁凡十四岁而反乎鲁"。知天命年后，流浪中原寻找济世的土壤，耳顺年后由中原归鲁阐发济世的精神，于是，书传、礼记自孔氏，雅颂各得其所，礼乐自此可得而述，以备王道，成六艺。还有《春秋》。"吾道不行矣，吾何以自见于后世哉？"这句自问是可看作他因史记作《春秋》的动因的，只是为了行道于后世，这番苦志，正如对先生"莫知我夫！"的喟叹，子贡有一问："何为莫知子？"孔子答："不怨天，不尤人，下学而上达，知我者其天乎！"这部字里行间渗透着孔子的苦心孤诣的著作，在它于历史上发挥更大价值之前，确实起到了绳当世的作用，《世家》中记：春秋之义行，则天下乱臣贼子惧焉。这就是那个未说出口的"其初"么？他用他的遗著为一个乱世提供了它还不能全然理解的"仁""信"，对于那个时代而言，这种思想如此超前，以至颜回会说"夫子之道至大，故天下莫能容"。然而，"见容"与否就是一种"道"之是非优劣的标准吗？那转折的语气里含着一种否定的坚定，以至誓言般地重复两次——"不容何病，不容然后见君子"！

其实整个春秋的思想界好像就是有一个无形的天平。一方是乱世，一方是孔子，一个人置身于一个大时代的背景下，这种机会并不是每个人都能遭遇和把握。孔子入周问礼的对象，并在临别时讲给孔子一段话的那位孔子所敬慕的老子，不想做这天平，他留下一部天书样的《道德经》便骑青牛西去了。1996年12月，还是初冬时节，我站在几经重修的函谷关那烈风涌怀的隘口，看一点点下沉的夕阳染红了遍山的蒿草，苍茫的暮色渐渐合拢，在喉的却不料是那种与时地均不相宜的鲠刺。我想说什么呢？为什么在那个山上眺望，我最怀念的却是孔子，最想知道的只是两位老人在入世与出世间作出相异选择的动机呢？如果真有天平的话，孔子是首先放头颅上去的一个。

那么怎样让那世界平衡，什么又是这架天平的准星？

司马迁让那放逐的事件淡出之后，却不放过那于事件中凸现的人格。由此对话与自白占着不惜笔墨的篇幅。《世家》写孔子30岁，只一事件，是齐景公之问政——秦国小处辟，其霸何也？孔子对曰："秦，国虽小，其志大；处虽辟，行中正。身举五羖，爵之大夫，起累绁之中……"后人对孔子议政之事多喜引孔子另次回答景公问的"君君，臣臣，父父，子子"一节而重视他要在乱世建立秩序的一面，却独冷落了上述答问里的"中正"二字。司马迁不愧是孔子的真正知心人。他写出了那个虽有治国理想却以中正为基的人的精神，这是一个哪怕最普通的读书人区分于一个优良政客的关键点。而鲁昭公二十年时，孔子正处于30岁年轻气盛的而立之年。血气方刚的孔子没有因辅佐或救世而遗漏这个前提，年轻的他尚不知道中年之后他将为之付出的一切，包括黄河南岸异国国土上身心惧焦的落寞苦寂颠沛流离。对于中正，司马迁当然不是一笔带过，对于那奇异一生描述的最后，一声独白越过事件，横空出世——"不降其志，不辱其身，伯夷、叔齐与！""柳下惠、少连，降志辱身矣"。"虞仲、夷逸隐居放言，行中清，废中权"。"我则异于是，无可无不可"。《论语·微子》这一段似更全一些，讲到柳、少的言中伦与行中虑。《史记》中没有确切说孔子讲这句话时在多少年，但从上下文推，应是鲁哀公十四年与十六年间，这时的孔子有70岁或71岁。70多岁的孔子依然不忘自己的定位——无可无不可的中道，大有为己盖棺定语之意。令人肃然。这话是说在老年的，在此之前，已经有了那场流亡的铺垫。

这是汉代的司马迁为那天平找到的准星。理解了这一层，中正，二字，用先人传下的汉文字写下来，有以往不曾发现的好看。所以那事件也迎刃而解了。中原流浪之时，孔子不被卫国所用，便西行欲见赵简子，他带了一行弟子行至黄河，听说赵简子杀了窦鸣犊、舜华两位贤大夫的消息。于是有了那声"临河而叹"，望着黄河水的眼里闪过的警觉是在他为此事的悲怆哀婉之后吗？一阵乌云卷过来，变成他眼中的荫翳，那话一定是含泪说下的——"美哉水，洋洋乎！丘之不济此，命也夫！"一旁立侍的子路走上前问先生为什么不渡河，说这些话又是什么意思。孔子为他的感慨下的注是："……丘闻之也，刳胎杀夭则麒麟不至郊，竭泽涸渔则蛟龙不合阴阳，覆巢毁卵则凤凰不翔。何则？君子讳伤其类也。

夫鸟兽之于不义也尚知辟之，而况乎丘哉！"这句话与其说是讲给子路不如说是给自己，那经了河水放大的金声玉振之语，再度剖白了一心有为的孔子是有所不为的。他的救世必以义为前提，这一点已然无法更改，所以他放弃了渡河到晋国去的念头，而在这决然的放弃里，又有着对天命若此的失意无奈。水流淌得是那样的美。尽收眼底的江山打动着这个一心要建立功业的人，但是彼岸却不可去，那个无道的人在中人以下，不可与君子语。想想看，这番话，是说在过匡时面对匡人之拘弟子之急"天之未丧斯文也，匡人其如予何！"和过宋时面对桓魋的拔树弟子的催促"天生德于予，桓魋其如予何！"的雄志大略后面的。孔子绝不趋利忘义的反功利态度，使得春秋时代那么多的以见用为目的的谋士都变得黯然失色了。霸业成就了又如何？孔子自有他不同于俗世的标准。由此，孔子严格地将他活动的区域限定在黄河之南。以一条河为界，他以不渡完善着义的前提。

里仁为美。择不处仁，焉得知？

遗憾的是已经无法考证孔子是站在黄河的哪一段说那些话的了。地图上没有标识。从卫国出来西行渡黄入晋的话，又是哪一段呢？桑田沧海，黄河已几经改道，如今的地图上已不可能查出那个地点了。心里隐约地有那水脉的影子划过。我知道它不在我去过的风陵渡、太阳渡，也不在陕晋边界的那一段唯一南流隔河即可望见壁立山峦上人家的渡口，这些渡口我都曾跑过，包括去年在去函谷关路上从车窗玻璃可望见的黄河，它在我们的视线里足足流淌了两个小时。整个行程里阳光在上面反射出的光灼痛了我。是啊。孔子言天不济他渡河的地点奇异地从版图上消失了，还是现代人的笔画它不出，人们已不惯于思虑或还没有力量承受他于洋洋水边讲下的话的含义。

"太山坏乎！梁柱摧乎！哲人萎乎！"是孔子留给这个一再伤害他的世上的最后的话了，他负杖倚门，歌叹而涕下。"天下无道久矣，莫能宗予"的不甘一生都在咬噬着他，然而他宁愿受这咬噬，也不愿放弃那个"义"，别人只看到了他因志不得的伤感，谁又看得见他为此付出的疼痛。他是宁愿牺牲一己——哪怕已满腹治国之经纶——也要成全"仁""义"大道的人。这样的人，在那个根本无法与他比肩的时代，怎么可能不是一场悲剧。

人能弘道，非道弘人。

对于这一点，孔子何尝意识不到。世上确实需要他这一种人，然而世人却不需要，不义的现实与求仁的理想间的分裂之苦当然写入了《春秋》；《孔子世家》有一句，"鲁终不能用孔子，孔子亦不求仕"，当执射还是执御之论都成往事时，孔子终在案几之上找到了他的位置。正是因了这一点的共鸣吧，《春秋》才那样为司马迁所喜欢，以至成为他的写作理想，成了他著《史记》的精要。那份史的责任，那份对史实当中人之人格的着重与强调不能不说来源于孔子的影响。说得远了。实际上，世人不是不需要孔子，孔子殁后次年，鲁国便开始了大规模的祭奠活动，只不过世人需要的是他最不重要的一部分，是他的礼，他的秩序之说，他的稳定，这恰是孔子的衣袂部分。然而，谁人说过"中正不苟"才是他的骨头？！后世将之比于圣人，供着他或者把他批倒，借着他说着自己的话，然而，谁人如他起初与最后在料到了天命不济的运命后不惮于自身被湮没的命运而成全大义，"不义而富且贵，于我如浮云"的布衣之节已不单是一种竹简上的理论。

君子之于天下也，无适也，无莫也，义与
之比。

在春秋时代的文字中泅渡，我常常惊异于那个时代
的读书人文与人的惊人的叠印，他们的知与行达到了后
世需仰视才见的境界。那种叠合，那种相吻，其间简直
不留一丝缝隙。他们以身为文的一生简直是给后人看那
段历史提供了一种浪漫主义的神话角度，你却知道，它
是绝对的真实。怎么可能？怎么可以？进化至此的今人
带着某种不信然而又愧然惶然复欣然的心态看着这一切
的发生、完成、延展。那时的理论与人是那样不可思议
又必然地合一，他就是他的思想，他的理论就是他本人，
这可能就是孔子于不幸中的幸，那是一个真正的大时代，
出了大的理论，出了巨人。春秋，这个汉词，吟诵起来
有一种音乐的调子，是什么，赋予了这个战乱已经开始，
不义盛行于当世的时代以灵动乐感的呢？是孔子这样一
些后人称为儒的人吧。对于浊世，他们没有逃开钻到山
林里去，而是以清洁之水不断地洗涤它，他们专注于此
的样子像是对待自己裸露的身体。生逢乱世，那是真正
的澡雪。澡雪。孔子正是这样的一个人。

所以，对于后世阐释的已成典范的孔子，我习惯于

抱着一份敬重的怀疑。孟子表白"愿学孔子",且将圣人的信念充实为"穷则独善其身,达则兼济天下"的积极理想;司马迁《史记》更是随处征引孔子言论,并专列《孔子世家》而记史明志,那段太史公自述的话让人读之动容:"虽不能至,然心向往之。余读孔氏书,想见其为人。适鲁,观仲尼庙堂车服礼器,诸生以习礼其家,余只回留之不能去云。天下君王至于贤人众矣,当时则荣,没则已焉。孔子布衣,传十余世,学者宗之。自天子王侯,中国言《六艺》者折中于夫子,可谓至圣矣!"《朱子语类》中说孔子已干脆用圣人指代,"圣人贤于尧舜处,却在于收拾累代圣人之典章礼乐制度义理以垂于世"(卷三六),而卷九三中朱熹直接感叹"天不生仲尼,万古长如夜";近代如五四运动先驱李大钊在其《自然的伦理观与孔子》里仍用了三个"确足"来表述自己对这个文化圣人的态度,他说:"孔子于其生存时代之社会,确足为其社会之中枢,确足为其时代之圣哲,其说亦确足以代表其社会时代之道德。"在此文中,他还进一步表明了对传统反思的立场是"余之掊击孔子,非掊击孔子之本身,乃掊击孔子为历代君主所雕塑之偶像权威也;非掊击孔子,乃掊击专制政治之灵魂也。"1917年2月4日的《甲寅》月刊有那段文化事件的历史性,然而李文此语却经历了时间的恒久考验。如此，两千年内，孔子与圣人两个语词可以互换，二者也是互义的。只是那时活着的孔子并不是一个人所推崇的成功者，相反，他是一个于当时代而言的失败者。像堂吉诃德一样，奔走一圈儿，仍回原地，在路上与风车作战，格格不入于那个时代，却一定要为那个时代提出一种秩序，提供一种理性，一种结构，一种为仁的道义。

因为这个，所以苦找到了他。在他追寻仁的一生里，苦也附体于他，挥之难去。

君子无终食之间违仁，造次必于是，颠沛必于是。

所以他们所说的孔子都是孔子，却必得合起来才是。真正的孔子是所有孔学论者笔下的孔子之和，颜渊的话是后来才品出味道的，有幸与孔子生在一个时代，身为孔子最满意的弟子之一，这位在陋巷亦不改其志的人，喟然叹曰："仰之弥高，钻之弥坚。瞻之在前，忽焉在后。夫子循循然善诱人，博我以文，约我以礼，欲罢不能。既竭吾才，如有所立卓尔。虽欲从之，末由也已。"连颜回都如是这般，又怎能苟责其他人没有写出孔子的全貌呢。然而，1995年末的一篇文章却不能不使我心有所动。李洁非的《说"苟"》一文初发在哪里我已经记不得了，那里面讲到的"苟"与"恶"的区分却迫人神经，他讲到苟与不苟在古代是一桩关系人格的大事。可惜他引用的《荀子·不苟》一文我一直没有找到。他接着说他对苟与恶比较的观点："依我之见，在一定条件下，'苟'的行为和心理对社会的败坏，是更为内在和不可救药的。就像某些疾病一样，'苟'对社会健康的侵害，不是突然地从表面爆发出来，而是悄悄潜伏在机体内部，销蚀其活力，使其萎靡不振，终至无痛而死。"他说了古贤忧苟甚于防恶的态度后，引用了一段《论语》中的话——道之以政，齐之有刑，民免而无耻。这是《为政》中的一节，孔子紧接着说的是——道之以德，齐之有礼，有耻且格。足见耻的教育、不苟之约即便一时不能普及于社稷却也直接通向正直勇毅的个体。这种认识于次年1月产生了《心中的夫子》，李氏眼中的孔子是一个远远走在时代前头的"永恒的失败者"，像奥德修斯那样迭遭困厄，但终生不曾更改志向，并从这一种特别的失败中感受到那存在的价值——"一个真正而纯粹的思想者的独立性，和敢于坚持其立场的使命感"——李文称这是夫子留给中国知识者的最宝贵的财富。

读古史，时常念及春秋时代的人大多都透着一种洒脱，一种来去由己的自由，现在知道那自由源于对一己职责的认定，源于对一己立场的自知，这种职责自知的基础就是"不苟"。凡事都有界限，大事更其如此。小时读书竟不太懂得古时之人为什么说着说着意见不合了就割席而坐，现在懂了他们的标准。在孔子心目中，济世是一个大理想，但比这理想更重的是节的不可违犯，不可僭越。那时，相统一的不只是人与文，理想的内涵与实现理想的手段也是如此叠合在一起！

> 君子义以为质，礼以行之，孙以出之，信以成之。君子哉！

1996年深秋，11月，在曲阜我拜谒了与孔子有关的三个圣地——他出生的地方，他安眠的地方，后人祭奠他的地方。三处相距不远。而在那个秋雨湿襟的漫步过程中，有一些当时不易觉察的心惊。那个结庐三年复又三年的子贡庐，那个躲过了焚书季节藏有完好典籍的鲁壁，那棵大成门内石陛东侧的孔子手植桧仍然活着，青苍葱茏，就是明人钟羽诗中"冰霜剥落操尤坚，雷电凭陵节不改"的那棵树，那个刻有"大成至圣文宣王"的墓碑，走在一个人的生与死间，有一种不甚真实的感觉，你很难认定那人已经不在人间。洙水与泗水，又到哪里去找？惜手头不见崔述的《洙泗考信录》，然而孔子，你怎么就能做到？不只人、文，手段和目的，甚至连生死都不让它有距离。孔子！

在那样一个经了数世修葺扩建堪与故宫媲美的大院子里行走，令人缱绻不去的却是静默不言的杏坛。《庄子·渔父》中载这是孔子"弦歌鼓琴"给弟子讲学的地方，在它面前静默地站立，我首先想到的是初中课本中念过的一段，那个孔子让弟子各述其志的故事。回来后，我在《论语·先进》中查到了它的全文，子路、曾皙、冉有、公西华侍坐，各述其志，子路的"千乘之国"、冉有的"礼乐之邦"、公西华的"宗庙之事"均未能打动提问的先生，唯有专注鼓瑟最后发言的曾点换得夫子的喟然一叹——"吾与点也！"那让孔子如此动心的志向是什么呢？

——"暮春者，春服既成，冠者五六人，童子六七人，浴乎沂，风乎舞雩，咏而归。"

这才是孔子真心向往的啊。他是那样地喜爱音乐，与齐太师语乐闻韶音三月不知肉味，向师襄子学琴竟投入得废寝忘食；也许身居困厄之中能够面对世界的也只有一张琴了，也许能够记录述而不作的孔子一生心事与灵魂的也只有这一张琴了。他一生弦歌，无论讲学生涯、流亡生涯还是著作生涯，直到生命成为断弦为止。

暮春咏归。从指缝间长出来的是什么样的音乐呢？什么样的音乐才能配得上这样一幅怡然与清爽？

那内心的终点！

想一想都让人心疼。

那幅访问列国也是中原流浪的地图没有指示这样的路线。这个世界所能给他的，是一个又一个的困境。孔子一生充满了突围的壮烈与自知的坚苦。然而他是多么希望能有那样一个境界，那个对战乱的春秋而言如梦般神话的世界，如果没有，他是怎样地想受尽辛苦而去创造了它出来。

实在是应该马上就背了行李踏着他走过的路一步步走走。井上靖走过了它，不足15万字的《孔子》被称为"从时间的缝隙中窥见历史皱襞里的一个人的足迹"，对应那人波澜壮阔的生涯的，还有比亲身沿着他的道路走更好的方式吗？较晚接触到的李冯的《孔子》截出这一段中原的行程，用了孔子诸弟子交叠叙述的手法，这部以曾参梦境为楔子发表于《花城》1996年第4期的小说，读来也像是一个梦境，置身其中，那灵魂收集者也是先师承继者的曾参和他的兄长们讲述的只是一个旅行者的故事，一个对行走、迷失还有放逐痴迷的人群的故事——作者用了一种"后《论语》"的语调加重着对这一行旅事件的记忆，众人的多重叙事，使小说有一种和声的效果——只是这个故事，发生在春秋，孔子与他第一批弟子，是这故事的主人公。与史述不同的是，他们多少都带有些超乎常人的疯狂和对这疯狂的坚定。他们，这群人，不倦地走在路上，在那幅天命早已定好的地图上行走。行走，已经不问目的。

正如小说中言：

> 那时候，我们与时代有关的浓烈欲望与狭隘的目的都消失了，我们追逐的不再是国王、权利、荣耀，也不是虚无……我们最后给世人留下的，是一次完美、纯粹的旅行。它已不再是一次普通的旅行，已不再简单地附属于我们个人。我们只需要最后完成它，而不需要再与它相互追逐……

我愿从我的意义上去理解它。

然而更远的路上，更苍茫的薄雾中，那个弯腰掬水擦洗马车准备明日启程的人，他今夜的梦里一定已经有着明天的朝霞。

下篇

鲁迅先生在 1935 年底出版的《故事新编》里，没有为孔子着一笔墨，他写老子、墨子、庄子，写道与侠，写上古神话，一共 8 篇文字——不仅在中国文人文化里，就是在鲁迅本人的写作里也是独立而诡异的——却独独隔过了儒，隔过了正统文化所依、结构了几世代文人文化的孔子，作为以别样形式写下的《中国小说史略》——我一直这么将《故事新编》当它的另一理论的文化简易版本读的，然而这一点的发现，曾使我深深地困惑着。

是当时文化语境中的反封建意义大于着对那传统的总结？是先生本人置身其间已遍尝了那文化变异后的吃

人实质而感到的每每攫心似的压抑？还是血脉里的那种东西的纠缠与矛盾、那种挥之难去凝成血块的东西已无法换算为文字的形式？总之，先生对儒的态度达到了嗤斥与不屑的地步，酸儒与腐儒频频令其捉住，不放过的也有底子虚浮的隐士，以至在其笔下，1934年的《且介亭杂文》里干脆以《儒术》为题一并称之，在《且介亭杂文二集·隐士》里也对一味高蹈却无补于世的一群极尽讽刺，到二集中的《在现代中国的孔夫子》讲到孔夫子长期以来被当作一块砖头，其圣人意义早已变质。所以后儒时代的无论登仕与退隐，无论进、退，在鲁迅眼里，均一个"啖饭之道"。从1934年5月至1935年5月这一年的文字看，鲁迅似乎在想对自己的思想作一个清理，儒之传统当然是在他理性之外的，是他常常的长矛所指。同年编就的《故事新编》，可看作是鲁迅对自己长期来所置身的一种文化的清理，这本小册子，8篇小说，竟前后写了13年，从1922年的《不周山》（《补天》），1926年的《眉间尺》（《铸剑》），到1935年年底赶写似的出手的4篇——竟占全书二分之一篇幅，说明着什么呢？查一查那写作年代总会有些很有意思的发现。这可能正是我近年来不自知地迷恋于一种在学问里可能还尚无定位的个人版本学的原因。

所以不妨看一看《故事新编》的8篇小说文字后面注明的各自的完成时间：

《补天》《奔月》：1922、1926年作；

《铸剑》《非攻》：1926、1934年作；

《理水》《采薇》：1935年11月、12月作；

《出关》《起死》：1935年12月作；

从中能否理清鲁迅的一种思路，刚开始写作时，他并无一定的文化意图，尤其在对一文化的清理与检索方面，这在书的序言里看得出来，进入30年代后，尤其是他写杂文最多的1934年和1935年，许是看惯了太多的文化的看不惯，而自觉感到了一种回溯的必要，才一气似的写下了《理水》至《起死》4篇吧。当然里面肯定带着时评划过的印痕。那种一贯的调笑与冷峻已经不善于埋得太深。这就是先生序中"不免时有油滑之处"的自嘲吗？风格我真的不想再论，只那两句让我不能放下——"直到一九二六年的秋天，一个人住在厦门的石屋里，对着大海，翻着古书……"；一句是开篇，"这一本很小的集子，从开手写起到编成，经过的日子却可以算得很长久了：足足有十三年"。鲁迅序言亦写于1935年12月26日，与其几近同时，确切说4天后的30日，《且介亭杂文》编成，写序。把两本书放在一个时段看，可见鲁迅这一年对自己对文化的同步清理，他要捉住造成了他的《且介亭杂文》所指对象的历史。尽管他早有准备，从1922年已经开始，然而自觉地探源却仍是这一年，也只有这一点，才可解释他两个月时间便写下4篇小说，这个速度超出了一向谨为文学的鲁迅，况且他同时还写有大量的杂文。如果不是一种探寻的激情，一种要把灵魂的那些微渺胚芽赶在它们成果之前做一检索的信念唆使是不可能这么去做的。然而，那序言还是简约到极点，只写书的成因，而避开主旨，只在结尾处写，"……不过并没有将古人写得更死，却也许暂时还有存在的余地罢"。只谈手写至编成的过程，从《补天》到《起死》的13年——甚至对这起止点两标题的寓意也没有透露一丁点儿，只一语带过"四近无生人气，心里空空洞洞"的1926年秋时的心境，只提《补天》(《不周山》)、《奔月》、《铸剑》(《眉间尺》)，其余绝口不提。

然而，吸引我的是那样一种选择，在那样一种固定的时段里。8篇新编"故事"真只是为了填补凭海空洞的心境吗？这不像鲁迅做的事，先生在楚歌四起的当时也不可能有这样的余闲。那么，问题来了。先生写下这样的文字是想揭出与预示什么呢？什么促使他一手抓握匕首似的杂文去完成时代的批判使命——那是一个现代意义的知识分子必得完成的，一手又牢牢地不放松史的镢头，或为刨地基，或为盖高楼。而在这样的意图下，什么样的事可以称为"故"，什么又称为"新"呢？先生是太想为之做个结论，尽管他知道，结论其实不可能有。所以用"新编"这样的方式，那太过曲意的企图已经不能找到一更好的表述渠道，对于自身已是其间一部分的文化，任何形式的检索都不能够将之放在外面，放在对象的位置加以观照，所以没有理论，他放弃了理性论述的形式。如那《中国小说史略》所做的，他没有去写一部类近中国文化精神史略的文著，而只将自己对它的理解放在了这8篇里面。不知先生想没想到，他这样的选择也给现代文学史家留下了一个难解的谜，所以大多数治这一段学问的人是避它不谈的，或只是在风格上打转转。那是一个较博尔赫斯还要深不可测的迷宫啊，那个书写者的灵魂里有着太多亡魂的回声与纠缠。

但是，新编的故事存在着。它不因别人的噤口而丢掉意蕴，褪失颜色。

从无意到自觉，《故事新编》写了中国文化的四大渊源，《补天》《奔月》两篇是神话，《铸剑》《非攻》两篇为墨侠，这4篇还属无意阶段，可以看作是鲁迅气质中本有的东西，他的如《朝花夕拾》中谈《山海经》的文字，与他《野草》中的文字作为佐证，再好不过地说明了先生人格结构中的这一部分——他的民间性，他的近墨，与他的浪漫，和认真。其余4篇，从写作时间看，则自觉成分较大，理性掺入其间，《理水》《采薇》两篇，我以为写的是"儒"，《出关》《起死》则明显在写"道"，只是写"道"两篇写的是老庄之道，由它的代表直接出来发言。写"儒"的文字却一概发生于儒之前，在一个儒前时代，或前儒时代里，他们能否代表儒，或说正是以此方式成就对原儒的追回亦未可知。总之一切又都带上了某种传说的色彩，这种斑驳，好像又正代表着先生心中对其一贯的矛盾心态。

孔子没有出现。他隐身于文化里面。正像不写他的作者在他的序言中的另种隐身。这个留白值得注意。它使得舞台上有限的水银光柱聚打在《理水》《采薇》人物所占据的亮点上。

《理水》说的是大禹治水的故事，开篇一片汪洋。文化山上的学者们吃着奇肱国飞车空投的粮食，热切而无聊地做着"禹是一条虫"的考据，小说的写法也是奇，禹到第三节（小说共四节）才出场，这时全篇已进行有二分之一。挥开了卫兵左右交叉的戈的，是那面目黧黑的大汉，真是精彩！更精彩的是他一步跨到席上，并不屈膝而坐，"却伸开两脚，把大脚底对着官员们，又不穿袜子，满脚底都是栗子一般的老茧"。面对着已经旷日持久的湮不是导的争议，作者写"禹一声也不响"，"禹一声也不响"，最后是，"禹微微一笑"；而支撑着他这自信的，是与坐而论道、胖得流油汗的官员们绝不同的、站着的那"一排黑瘦的乞丐似的东西"，他们"不动，不言，不笑，像铁铸一样"。鲧的儿子大脚的禹与口舌发达的文化山上的学者们的区分，大约就是鲁迅心中真儒与伪儒的边界，在务实与蹈虚之间，济世与玩学问尚清谈之间，先生的边界坚硬到连那功成后的事迹也不放过，结尾禹进京后不重吃喝，做祭祀和法事却阔绰这一点却也多少影射了孔子的"礼"。体制化政府化后的禹后之儒可能正因为这个表面的皮才渐渐丢掉了它起初的里，丢失了它的济世责任与百姓意识的。而这真可能是儒走向了学（形式）而不是济（实践）的根源也未可知。而那起初，正是先生要恢复的吗？

《采薇》首先映入眼帘的是秋阳夕照的两部白胡子。养老堂台阶上并坐的老人是辽西孤竹君的两位世子，均让位而逃，又路遇，便一同来到西伯的养老院。本来他们是可以颐养天年的，可是他们偏不，不是不愿，而是不能，因为心里有一些标准不能放下，武王伐纣的大军面前便多了两个拦道的人——这当然为其最后赴首阳山之途作了铺垫。然而为那绝食作引子的却是作者行文中尽写的"烙好十张饼的工夫"，"烙好三百五十二张大饼的工夫"以至"烙好一百零三四张饼的工夫"的机智，而"不再吃周家的大饼"却是对史书上"不食周粟"的现代翻译；在"让"与"伐"间比较，两位贤人做了他们的孝、仁要他们做的选择，而且这个"出走"是他们人生里的第二次选择，一次是不做王，这次是不做他们认为不义的王下的臣民，这亦无可厚非，没有任何人强迫他们这么做，只是他们身受的教育驱动他们必须这么做。而这么做时，他们都已是不能自食其力的老者了。以两部白胡子向整个社会宣战，以心内的王道向现实的王道宣战，正如拦在讨伐大军前面的垂垂老人一样的情境，使人读了感到滑稽又心酸。鲁迅的目光却越过于此，他不舍追问的是"不食"形式下的价值的有无。义是什么？是正义之义，还是理念书本上的抽象道义，他要问个究竟，这个究竟就算会伤了这两位老人他也还要追问下去。伯夷、叔齐终于饿死。正如《理水》最后对回京后讲了排场的大禹颇有讥讽一样，《采薇》结尾借了各界的议论也使得首阳山的故事笼罩上颇多疑处。从中可见出儒之道德源头的回溯里先生情、理中的矛盾。

　　这可能正是他不让孔子在故事中出现的原因。《理水》《采薇》两面谈儒，各有褒贬。禹代表着前儒积极入世的方面，是"有所为"，"为"的所指是百姓，所以它背后是有百姓支撑的；伯夷、叔齐则是前儒"有所不为"的一方面，"不为"的所指是自身，所以百姓只把他们当圣人看个稀罕，而不怎么站在它那一边。然而我觉得，有为与无为，后来都已与王道无涉，只不过一个是"行义"，一个是"守节"；"行"是积极的儒，"守"也未尝不是儒道的另种积极，有种决绝的意味。为了一种自所坚信的念想去守，从而不惜生命放上去这一点，在一个物质与实惠至上的功利权衡一切的时代里，就不失其照人的光彩。那没有走上前台的孔子曾说："不得中行而与之，必也狂狷乎！狂者进取，狷者有所不为也。"先生不写孔子，却写与"中行"不一的两个极端，禹的狂，与伯夷、叔齐之狷，难道在寓意着这个吗？然而，那天真里也许真的纠缠有太多的矛盾，以至会以讹传讹，弄得形式总是大于内涵。鲁迅正是担心着这一点，才不惜在任何人事上都放上批判。不仅前儒这两篇，整部《故事新编》都是，标题的起始到最后，"补天"的决心与"起死"的绝望缠绕着他，从那诡异的行文里我们可以感受到他一人所受的双向同时的拉力——这种拉力与他心灵的承受硬度成正比，甚至还可以看见在厦门对着海的一个窗口里面那张怨怒、哀伤到憔悴的脸。1997年1月，在北京阜成门鲁迅纪念馆那空寂无人的展厅里，隔着玻璃，我再次看到了先生在厦门面海的山上照下的照片。这张照片我在《鲁迅全集》的扉页曾不止一次见过，不解的是为什么一身素衣的他依靠并手扶在一块墓碑上面，与坟合影的墓外的他凝视着，如今我明白了他。

避开孔子，避开尧舜，他选择了禹作儒之道德源头，足见鲁迅心中的儒是近墨的，有侠气，重实践。而这正是国人精神中所缺乏的。包括《采薇》，也是和《史记·伯夷列传》——司马迁将之作为列传第一——不同的，尽管他承认那是小说的文本来源。备受文化纠缠的先生也是这样实践的，他在1934年9月25日——注意这个时间正是写《且介亭杂文》与《故事新编》的中段——写下的《中国人失掉自信力了吗》公开表明着这一点，那些文段是曾当学生时朗诵过的——"我们自古以来，就有埋头苦干的人，有拼命硬干的人，有为民请命的人，有舍身求法的人……虽是等于为帝王将相作家谱的所谓'正史'，也往往掩不住他们的光耀，这是中国的脊梁。"由此推断，先生将《故事新编》作为他本人小说创作的终篇，就有着些许如《春秋》般的绝笔意味。

　　士不可以不弘毅，任重而道远。仁以为己
　任，不亦重乎？死而后已，不亦远乎？

　　《理水》《采薇》就史说，都属前孔子时代，在春秋以前，作为儒之道德源头，作为道统，各有经不住考证的疑问，何况在鲁迅眼中，根基都是动摇的，然而有一点可以肯定，或者根本不需儒之称号，是——有所为，有所不为，这个界线在心，而不在礼，或者理。

　　所以，在这个意义上，守节也是一种行义。所谓"道不同不相为谋"，所谓"君子谋道不谋食"，所谓"天下有道则见，无道则隐"，所谓"达则兼济天下，穷则独善其身"，所谓"天下有道，以道殉身；天下无道，以身殉道"，所谓"圣达节，次守节，下失节"，从《论语》至《孟子》到《左传》，总有一个自衡的标准。念及太史公将伯夷、叔齐之事写入列传，且置于列传第一篇，也是有其用意的，更打动我的倒不只是"不食"的史实，而是一向吝墨的史家所发的史外随感，面对"积仁洁行如此而饿死"的善人与"暴戾恣睢""操行不轨"而"竟以寿终"的盗跖，太史公不禁发出"余甚惑焉"的天道是非的质问。念此，心境是无法轻快的，轰然耳边的是司马迁对孔子的一句引文：

> 岁寒，然后知松柏之后凋。

何晏对它的集解可以背下来："大寒之岁，众木皆死，然后松柏小凋伤；平岁则众木亦有不死者，故须岁寒然后别之。喻凡人处治世，亦能自修整，与君子同，在浊世，然后知君子之正不苟容。"这已是超出了一人一事的议论。对照此后的为儒而儒，将儒作为一件衣服去谋求"啖饭之道"的伪儒——其中当然不乏读书人——而言，上古时代的两位固执的老人对周食说"不"的精神，也许在抽象意义上大于它的史实意义。正是这个，赢得孔子"不降其志，不辱其身，伯夷、叔齐与！"的喟然一叹，引来孟子"伯夷，目不视恶色，耳不听恶声。非其君，不事；非其民，不使。治则进，乱则退……故闻伯夷之风者，顽夫廉，懦夫有立志"并"伯夷，圣之清者也"的议论。毕竟有激烈的壮怀在里，有不坠青云之志的决绝在里。因了这个，身居中原，投向西北的目光里，总是含着后来者的敬意。

生于孔子同时代、小孔子9岁的孔子的大弟子子路，以耿直、勇毅见称。《史记·仲尼弟子列传》中称他"好勇力，志伉直"。就是这个有些莽撞的人，一直跟在孔子身边，并成了他的一面镜子。公山不狃之乱，使人召孔子，孔子竟有些动摇而为"周"的念想"欲往"之时，是子路不高兴地阻止了老师。《史记·孔子世家》里有一句，是："子路不说，止孔子。"孔子有一些政治抱负的辩白，然而"卒不行"。居停在卫，灵公夫人南子要见孔子，孔子辞谢不得的情况下不得已而见一事也让子路很不高兴，一面是帷中夫人环佩玉声，一面是孔子的北面稽首。《世家》上又一句，"子路不说"。弄得孔子赶忙辩解："予所不者，天厌之！天厌之！"足见子路是喜怒俱形于色的人，他不会为了某种虚饰的尊敬而掩盖真情，尤其不会为某种表面的"礼"去代替他心目中自有的对"义"的那一份看重。

因为耿直，所以陈蔡之厄时，面对仍然弦歌不止的孔子，他有些耐不住，走上前半愠怒地问："君子亦有穷乎？"而在得到孔子"君子固穷，小人穷斯滥矣"的肃然一答后，他便没有话说。先生的凛然大义与其好勇气质有着默然的共识，他要到了他自己没有说出的话。正是子路自己当年催促还惦记着鲁国祭肉的老师赶紧出发离开的，所以在一些事情上，他似乎做得比孔子还要果决和彻底，从而成了孔子的一面镜子。这可能正是孔子如此喜爱和信任他的原因吧。"道不行，乘桴浮于海，从我者，其由与？"孔子认定子路是跟从他走到底的最后一人的。

长期以来，我一直不解，怎么一个好勇之人，与读书人——儒——的形象气质相差甚远，却独独得到孔子如此大的信任。从气质上言，无论如何，子路都有些近墨侠，不仅在他成为孔子弟子前的行为与打扮，就是当了弟子后，仍然是剑不离手，动不动就拧着脖子与别人做一争执。眼里揉不得沙子也罢了，好像有时不免小题大做，让人觉得不怎么讲理。比如，对于孔子的治国首先必得言顺之理，他就敢于一下子顶上，说："子之迂也！"弄得孔子失态大叫"野哉，由也"；比如，子路使门人为臣之事，孔子病重，他就赶紧张罗着安排后事，使得孔子叹喟不止，"久矣哉，由之行诈也"，直说到自己宁死于二三子之手，不大葬，死于道路，等等。可见子路冒失得可以，恼人得很，然而可爱。

刚、毅、木、讷近仁。

正是由于这种性格，子路才会在一些大是大非面前挺身而出。而正是深知弟子的为人，孔子才会对他的命运结局有不祥的预感——如《史记》中记载所言——"若由也，不得死其然"。古歌里唱，命里的苦要来，谁能躲得开呢？子路根本没有想到要躲，天生的那保全自己的本能在他那里似乎全不存在。他要进城去，可是城门已经关了，况且赶着出了城门的子羔惶惶然地将一切都告知于他，好心地劝他快逃，然而他不肯，趁着使者入城的空，进了城。不知远在百里外的孔子能否看见他硬朗的背影，反正对这一切的发生，孔子是早有预料的。听说卫国出了事，这位已逾古稀之年的人只说了一句——"柴（子羔）也其来，由（子路）死矣"。果然，那城门在子路的背后再也没有对他打开。

　　方孔悝作乱，子路在外，闻之而驰往。遇子羔出卫城门，谓子路曰："出公去矣，而门已闭，子可还矣，毋空受其祸。"子路曰："食其食者不避其难。"子羔卒去。有使者入城，城门开，子路随而入。造蒉聩，蒉聩与孔悝登台。子路曰："君焉用孔悝？请得而杀之。"蒉聩弗听。于是子路欲燔台，蒉聩惧，乃下石乞、壶黡攻子路，击断子路之缨。子路曰："君子死而冠不免。"遂结缨而死。

这是《史记·仲尼弟子列传》中的记载。同一篇文字，还记载了孔子的两句话，一句说于子路殉节事先："嗟乎，由死矣！"一句是事后的慨叹："自吾得由，恶言不闻于耳。"意指有子路侍卫，侮慢之人不敢有恶言。

结缨而见杀，并被卫兵剁成了肉酱。这个未出先生所料的结局倒使我想到了子路生前与孔子的几番答问。子路问鬼神，孔子答：未能事人，焉能事鬼？子路问死，孔子答：未知生，焉知死？子路问尚勇，孔子答：君子义以为上。在这一问一答里，在提问者的问题里，是不是已经藏下了子路对自己命运的预感呢？那让他备感困惑的死与义促使了他去用身体力行的方式找到了他自己的答案。

如今，子路墓仍然在古时卫国的土地上站着。像那结缨而死的君子，保持着它尊严的姿势。1996年10月，我与它错过。然而，在后来得到的一本《濮阳》画册里，对着那方倾颓、荒凉的坟墓，我会突然想到孔子痛失他后的心情，由是推断孔子内心也是尚勇的，虽则在子路生前的话里话外一直对好勇做着善意的批判，可是，子路作为孔子唯——个儒的行动派，血气方刚地实践了对于"义"的诺言：他不侥幸于自己的不在场，而非要"驰往"；他不在意子羔的劝告，非要进入已经关了的城门；他不在乎卫兵的长戈，非要结好象征君子尊严的缨冠。

在这一连串放不进利弊得失之权衡空隙的事件里，一切都发展得那么本能与自然。面对子路墓，有两句话是无法不想起的："食其食而不避其难"，这句话说在进城之前，是对子羔的；另一句是，"君子死而冠不免"，这句话是说在与卫兵血刃时的，是说给自己的。

孔子听到消息后让人把家中的酱都倒掉了。他心里苦到不能看见。

子路就这样准确地用生命证实了老师对他的看法。而且，无意间，透露了儒之尚勇的一面。

可以托六尺之孤，可以寄百里之命，临大节而不可夺也：君子人与？君子人也！

古史大概正在这一点，让人每每披衣挑灯，感泪纵横，夜不能寐。

13世纪南宋的文天祥可谓少有所成。20岁初试便中了状元，并得理宗之赞——此天之祥，乃宋之瑞也。本来按照事情的正常发展，文天祥会延展着儒士——一个读书人的仕的道路走下去的，可他偏偏生在一个国家危难、边境日瘦、虽偏安临安亦不保的南宋时代；生在这个时代也罢了，那么多读书人或潜入学理不问政治或偷安一时觊觎于仕，或隐居求志对朝廷的更迭作消极而清高的不屑而置之，那样中世纪的中国历史上会多一个鸿儒，少一个先烈。可文天祥不是，他偏偏不走上述道路的一条，不走也就罢了，他偏偏投入得很，对于大节大义，他无法做到旁视罔闻。于是中世纪的中国就少了一个鸿儒，多了一个烈士。

整整 15 年，文天祥在出仕与罢官间反复，做了无数个大大小小不同职位等级的官，而那名称也着实让人记不得了，然而文天祥这个名字，却刻入了历史。文天祥的最后一个官职是丞相，然而却是在国家危难到覆灭之时，在那特别的前夜，道义铁肩，已是责无旁贷，按照一般人的观点，尽职尽忠也就足矣，可他偏要力挽狂澜。在此之前，先是应召组织义军，这时朝廷中的许多大将都弃城而逃了；后是为获允进入临安而待命城外，这时竟还有谗臣怀疑他会对大宋起兵，心虚若此，文天祥是早该从中看出江山社稷的结局的，可他偏偏要迎上去。南宋末年，由地方官组织的勤王兵似只有江西这一支逾万的队伍，有人劝他放弃，说元兵长驱直入，足下以乌合之众，前去迎敌，这与驱群羊斗猛虎，有何区别？他的回答却是：我未尝不知强弱之比。不过国家养育臣民三百多年，一旦有急，征兵天下，没有一人一骑前去。

我深恨此事，所以不自量力，决心以身殉国。只望天下忠义之士，闻风而起，人众势大，那么社稷便可保全了。大敌临近，他心里放下的早不再是一己的利害与安全。那个早年曾想在和平年代里隐居，并真的骑马走了江西老家的几座山寻找一适居之地的儒生文天祥不见了，代之以金戈铁马、沙场点兵、堂堂剑气的武士。"平生读书为谁事？临难何忧复何惧！"正是这个起意才会产生后来《指南后录·言志》诗中如此掷地有声的语句。

所以文天祥总是夹在两间。因为正义，因为有意识地要给儒——平生读书的人一个诠释，一个集解，一个"正义"。所以那个动荡的时代才会把他夹在中间。先是夹在南宋朝内主战还是主降的人中间，再是夹在投降派与侵略者中间，夹在元人的劝与南宋的弃之间，夹在生还是死这个亘古以来就存在的问题和选择中间。先是他率领的义军如此，后是他一人如此。两间的客观与一人的决意是那么直线来去，文天祥在大是非面前做到了毫不犹豫。他最后做的与他起初做的是一件事。他的选择，从作为国都的临安城内的大臣纷纷弃国而逃——上朝官员曾一度只剩下 6 个人，而他一个文职人员危机时挺身而出、领兵作战的那一刻起，就已做出了。这个选择，又可以更早在他少年时的答卷中寻见发端。那中了状元的御试策中写道："今之士大夫之家，有子而教之。方其幼也，则授其句读，择其不戾于时好，不震于有司者，俾熟复焉。及其长也，细书为工，累牍为富。持试于乡校者以是；校艺于科举者以是；取青紫而得车马也以是。父兄之所教诏，师友之所讲明，利而已矣。其能卓然自拔于流俗者几何人哉？"这种与当时"士习"的利欲之风的划界，这种对"利"的批驳，与《孟子》开篇《梁惠王上》的开卷相吻合，孟子见梁惠王，梁惠王劈头就问不远千里而来的孟子："将有以利吾国乎？"孟子对答得坦荡而直接："何必曰利？亦有仁义而已矣。"可见，中间隔了十几个世纪，一千多年，儒的义、利之分仍然不浊。而"利之儒"与"义之儒"的区分却也只是到了国家民族存亡生死的关键处才可看得分明。"卓然自拔于流俗者"，这是文天祥给自己的人生定的调子，此后的身体力行，对于一个内心义利泾渭分明的儒士来讲，一切都基于那并不难做的知行相叠上。

后儒时代对于义的阐释多在语言层面，太多的文牍案卷简直要把文人儒士的背都压弯了，纸上的东西弄得学人忙于应付，少有人再对儒之本有的骨头的东西加以关注。自战国到汉再到北宋，大师不绝，层出不穷，然而同时学理式儒的方式亦在悄悄走离春秋时孔子的路。

翻读历史，似乎漫长的释义时期只是一个准备似的，直到行动产生，直到有人续写上儒之实践派的断章。

"末世争利，维彼奔义。"这是《史记》中的话吗？在一个惊涛骇浪的时代，有着这样的精神背景，文天祥心境若水，去意已定。

于是世上产生了那样一条路线，它纵贯从穗到京的中华版图，我没量过其间的距离，只知道，它正好大致是现今的京广线，还不算水路在内。这条路线，在沈起炜编著的中华书局1962年版《文天祥》里可以找见。图名全称是《文天祥被俘北上图》，放在《伯颜灭宋进军图》与《文天祥进兵江西图》之后，实虚双线标出的陆水两程间的地名密密麻麻，我仍然记着第一次看到它时的那阵心惊。

路线的开端在崖山的最后一战。自五坡岭被俘，从潮阳到崖山的文天祥，是被囚禁于元军船中亲见这场标志南宋覆灭的战役的。一个武将不能参加保卫自己国家的战斗，一个爱国爱到骨头里的义士自杀不遂而不能不亲眼为他所爱的国家送葬，这个痛苦，在南宋，体验到它的，怕只有一个文天祥。1279年正月十三到二月初六的20多天里，面对一水相隔海上交锋的两军，尤其是二月初六那一整天，从早到晚，我不知道在一片昏暗的海浪里置身，面对宋军战船上纷纷倒下的樯旗，他是怎样把一个宋朝的结局看完的。史册上记载整个崖山外的海面上浮尸逾十万具，陆秀夫背着8岁的宋帝赵昺跳海殉国，已突围出去的张世杰遇飓风，守着自己的战船坚决不肯上岸，以溺死海中的方式殉国。在大获全胜的元军的一片鼾声中，只一个人在北舟中面南恸哭，一夜无眠。由于崖山，那所有的复兴之梦，江西的组织义军，皋亭山进元营词意果决的谈判，三年前押送北上路上镇江的走脱，以至重新于南剑州起兵抗元的那所有苦心孤诣，都一页页翻过去了。而构成了文天祥比亲见自己国家灭亡更大痛苦的，是灭了自己国家的竟是宋朝汉军将领张弘范。崖山的悬崖上，张命人刻上了"镇国大将军张弘范灭宋于此"。我没有到过崖山，只听说后人在摩崖石刻上加了一个汉字——这个字不过也是重复了张文中的一个字，碑文便成"宋镇国大将军张弘范灭宋于此"。后来查手头的一些与文天祥有关的文卷，上写张刻下的那行字早在明朝时即被御史徐瑁削掉，另刻"宋丞相陆秀夫死于此"。后来我在地图上找到了这个地点，广东分省图上可能看得更清楚，在斗门与苍山夹着的那一个三角海域里，现名为崖门，在今广东新会县南，西江入海处。据说山在大海中延袤80余里，地势相当险要。所以那"最后一个"的痛苦不难想见——诸老丹心付流水，孤臣血泪洒南风。这样的痛心引出的仍是国破家亡若此的愤愤——我欲借剑斩佞臣，黄金横带为何人？

其实在崖山之前，文天祥就已抱了殉国的决心。崖山前夜，正月十二，元船过伶仃洋；次日，张弘范派人劝文天祥写信招降张世杰，文在那纸上写下了《过零丁洋》。这首《指南后录》的第一首诗，上中学时就会背——"辛苦遭逢起一经，干戈寥落四周星。山河破碎风飘絮，身世浮沉雨打萍。惶恐滩头说惶恐，零丁洋里叹零丁。人生自古谁无死，留取丹心照汗青。"只是做学生时只感念于那赴死的决绝，没有去注意他的起句与末句在某一点上的对称——起句的"起一经"讲了他的研读经书的出身，是一个读书人的身份；末句讲到"汗青"依然是指竹简，是史，是一个读书人的归宿。这一点，寻着他的路走得越远，对它的感慨就越深。

伶仃洋就在崖山附近。地图上没有标识。从艾煊发表于 1996 年第 4 期《花城》的《过伶仃洋》一文推断，说是从深圳到珠海之间，在珠江口外。这个提法让我心惊，因为读到此文之前，1997 年 4 月我在广州开会，坐着轮渡从珠海到深圳走的即是这一路线。印象中舷窗外的海江一样的颜色，与友人说话时，并没意识到要往右边——那珠江口外的苍茫中看上一眼。后来友人来信中讲他从深到珠回来，一人走到甲板上，我不知道他有没看到那些个岛屿——后来听深圳人讲有伶仃岛无伶仃洋，朋友说这话时，我能看见那些伶仃的小岛散落在一片汪洋中的样子。珠江口真是一个奇罕的地方，那条去的海路，左舷窗便是林则徐销烟的虎门方向——这也是当时坐在船中的我不知的。

崖山之后，文天祥剩下的便只有诗了。这心内的江山，是谁也夺不去的。从广州到大都的万里行程是由一系列的诗篇串起的，一步步的行走，神州陆沉，故国黍离，几乎是重演了历史上的《离骚》一幕，困厄中，总出史诗，北征的路洒满了感慨的清泪。从"一样连营火，山同河不同"的《出广州第一宿》到《南安军》的"饥死真吾志，梦中行采薇"，到"想男儿慷慨，嚼穿龈血""不愿似天家，金瓯缺"的《满江红》；从"金人秋泪，此恨凭谁雪？""睨柱吞嬴，回旗走懿，千古冲冠发"的《念奴娇》，到"文武道不坠，我辈终堂堂"的《白沟河》，几乎一地一首，感念非常，却是步步坚定了肝肠烈烈的初衷。在一首题名《泰和》的诗中，它被表述为——"书生曾拥碧油幢，耻与群儿共竖降"，我注意到，这里他仍用了"书生"一词。

这样，一面是绝食服毒的死不成，一面是赣江、东阳两次搭救失败的生不成，文天祥用诗画出了一幅史所未有的北行图。

1997年5月，我终于在北京东城府学胡同找到文天祥祠时，正院居中迎面对着我的是今人立下的一座石碑，上书"宋丞相信国文公像"，有文天祥身着宋服的阴刻头像，头像上方阳文刻着那首他死前的绝笔自赞，是赴柴市前写在衣带上的。站在那样的字句前，我无法走动。"孔曰成仁，孟云取义，惟其义尽，所以仁至。读圣贤书，所学何事？而今而后，庶几无愧。"在柴市刑场，写这话的人问了看刑的人哪面是南，并南向三拜而死。"读圣贤书，所学何事？"书写的人，将他所学贯彻了个彻底。从御试策算起，到"起一经"，到"书生"句，再到这句自问的话，文天祥一直以一个读书的儒士而自醒，或荣或辱，对这个身份与职责他始终不弃，话里话外，他甚至看重它超过了一朝丞相的名位。做丞相时，社稷为上；国破家亡，则布衣气节跃出海面。其实这在他，是一切行动实践的人格基点，所以他总是有意无意地提醒着自己，做一个读书人。

祠占地不大，相传正是文天祥当年被囚兵马司的一

170

处土牢，从地图上今天仍然可见这一处兵马司的地名标识，今祠的窄狭也与他《〈正气歌〉序》中的"空广八尺，深可四寻"相对应，不知可否成为佐证；一面墙上刻着《正气歌》的全文，记述着他以一己承传的古人的"浩然之气"与这个当年土牢的水气、土气、日气、火气、米气、人气、秽气诸七气相敌的气魄，"以一敌七，吾何患焉！况浩然者，乃天地之正气也"。这里，他又提到了孟子。他不弃的仍是儒士定位——当什么都被剥夺去了，连江山在内，那最后不被夺去的、他一直小心保护的是，他作为一个读书人的自知：

> 其为气也，至大至刚，以直养而无害，则塞于天地之间。其为气也，配义与道；无是，馁也。是集义所生者，非义袭而取之也。

这里，文天祥所要维护的已不再只是一个宋朝，一种汉姓，甚至一个儒家道统，他殉的不是一君一国，而是一种支撑了他也支撑着历代千万儒烈之士的义，"取义成仁"，使得虽假以百龄之寿而不苟生，这种气节不仅使他能够不顾物质生命的消弭，而且能不屑那引动于他治国的大诱惑——元许诺他办教育，并以宰相之位相邀。然而，文天祥更看重那前提，如古人在"苟"前的止步。这个汉子，把儒士的反功利精神发挥到了极致。

一部十七史从何说起？！宋代最后一个守住了心内江山的人常常以此问扪胸。在此写下的200首一律五言四句的《集杜诗》可以佐证，文天祥仍是一介书生，是一个儒士，然却不同于一般通论意义的儒，不是后人想见的学儒（又包含鸿儒与犬儒）。他是儒的更古时含义的体现者，如果说汉后之儒分化为践学派与践义派的话，文则是典型的践义派。时穷节见，道义为根。引为同道、肝胆相照的人也基于这样一种区分：在齐太史简，在晋董狐笔，在秦张良椎，在汉苏武节；为严将军头，为嵇侍中血，为张睢阳齿，为颜常山舌；或为辽东帽，清操厉冰雪；或为出师表，鬼神泣壮烈；或为渡江楫，慷慨吞胡羯；或为击贼笏，逆竖头破裂。

居天下之广居，立天下之正位，行天下之大道；得志，与民由之；不得志，独行其道。富贵不能淫，贫贱不能移，威武不能屈，此之谓大丈夫。

古人的凛然磅礴之气，让人读来有一气贯通之感。

君子不忧不惧，一切都因有"亦知戛戛楚囚难，无奈天生一寸丹"的自重。

坐在人影寂寥的享殿门前，对着那棵据说为文天祥亲植、主体树干向南倾斜45度角的枣树，宛若面对"臣心一片磁针石，不指南方不肯休"这样朴素的句子。隔一堵墙便是一所学校，可以听到学生们在课间熙攘的声音，不知他们的课本里，是否还保留着那篇《指南录后序》，那里面写了那么多的死，那么深重的"痛定思痛"，那么强有力的"复何憾哉""复何憾哉"的叠句，今人朗声读来有一种吟唱的调子。在读书年龄，在这个读的时刻是不必去问许多的，然而与那琅琅书声一墙之隔碑上的那一问，也会在他们成长后的某一时刻遇到的——读圣贤书，所学何事？这是每一个以知识为天命的人都必须做出回答的。

在府学胡同寻访时，不意发现北京燕山出版社也在此胡同内，距文丞相祠不远，印象中几在斜对面，我的行囊里即有它1995年版的《论语》与《孟子》，在它1991年出版的一介绍北京文物胜迹的书中，我后来看到了一句让我读之哽咽的话，这句话白纸黑字：有传说，享殿石阶，每当下雨，即呈红色，相传为文公被杀时血迹。

我不睬它是不是后人的附会。当时坐在前殿背面的我，面对着的正是享殿。

故衣犹染碧，后土不怜才。这是宋亡不仕的谢翱的诗，作于文公卒后八年，《西台哭所思》同时，好像还有一篇《登西台恸哭记》的文字，用典甚密，语多隐晦，然而雪夜的西台绝顶，富春江上，毕竟在同时代时听到了纪念。在祠中前殿图片上看到江西吉安文天祥墓，沿山绵延，气魄浩然，1982 年修葺一新，墓前石碑上书，只四个字："为国捐躯"。

志士仁人，无求生以害仁，有杀身以成仁。

47 岁的文天祥没有像他名字预示的那样享得天年。然却用一己躯身为读书之所学提供了一个答案。"风檐展书读，古道照颜色"，千山以外、文公读过书的白鹭洲书院，是否一如这祠边的学校，仍被琅琅书声覆盖着？那正气的诵读里，是否也有这一种如先人一样内中清明的音声？！

其实这种从道不从势的儒士的烈士传统，自远古至近现代都不曾断绝过。以孔子作一个坐标的话，无论是前儒时代、儒之当时代还是后儒时代，这里我所选择的人物只是以这个意义的儒士或儒者来界定，而不是普遍意义上说的儒家。近现代的情况因文化背景的置移而变得较复杂些，但仍能从历史的皱襞中寻见那亮光。"我自横刀向天笑，去留肝胆两昆仑"的谭嗣同，将变法的基点建立于反君主专制上，何尝不是对汉独尊儒术前的百家争鸣时孔子大义的另一种追回，对等级之先、正统之前、未被纳入一种体制秩序前的儒的追回，其《仁学》复杂地加入了西学、佛学成分，但其行动上的持道不屈却是对自孔起的儒之读书人一以贯之的立人之道的默识心通，冲决网罗，以心力挽劫运的行动，也是中国士之传统——忧患与入世的一种体现。所以在变法失败能走逃时，他拒绝了那一条个人的出路，选择了流血。

　　鱼，我所欲也；熊掌，亦我所欲也。二者不可得兼，舍鱼而取熊掌者也。生，亦我所欲也；义，亦我所欲也。二者不可得兼，舍生而取义者也。生亦我所欲，所欲有甚于生者，故不为苟得也；死亦我所恶，所恶有甚于死者，故患有所不辟也。

有标准在的，虽然平时看不见它，正如血流在血管里。

连那结局都是反功利的，只为一种精神价值，为一种信去"自吾身始"的实践，这何尝不一直是读书人最后的选择。"知身为不死之物，虽杀之亦不死，则成仁取义，必无怛怖于其衷。"这种襟怀，谁能不说他是君子？谭嗣同确是被称为"戊戌六君子"之一的，我想在这称谓里已经有着某种对历代来的质烈之士的肯认成分。当然在现代能举出更多的例子，读现代史，我每每惊讶于读书人在其中的价值，在一个群体中，或者在他于困厄的斗争中在某一时刻只剩一个体时，他总能做到凛然大义，这在世界知识分子史中都是一个奇迹。那种纯粹内实与光辉外著，让我不止一次从他们具体到个人的名字想到君子、大人、士、成人乃至祭司一系列儒之称谓，在那里面，贯串着的究竟是一种什么样的力量与生气，使得一代代人不惜前赴后继而非要把一件事情做得完善、做得彻底？！

而且，在许多时候，这种只知做的人总被夹在两难中间，要么是义利，要么是得失，更甚是生死，但更奇的是，他们的每一次选择都是那么准确，我不知道这其间藏有什么样的秘密，我只知道这其间一定藏着秘密。那种选择几乎是不用选择，是一种近于本能的自然的东西，行动的主体是那样的主体，完全不像后来人们所说的儒的四平八稳毫无生气，正是这些人使我对一直所知甚少的儒产生了写的兴趣，但我却不知该怎样给他们一个总的名字。

广义意涵的儒士人格也许真的无法作为对象被旁观，犹如人的四肢与舞蹈者的关系，虽然镜子是必需的，但就是无法将之（四肢）拆开放于对面作一旁视，正如人不能截下自己的血管而又要看血脉的流淌似的，它是我们无法放在镜中的东西，无从肢解，无须诠释、达诂，只是一种不可言的接近。我们已在此中浸泡太久，我们已经长成了它，二者不分彼此，叠印已不足概括，可以概括的只是以文传唱、以人增其大义的"弘道"方式。

对于乐得其道，对于身体力行，对于在大节大义面前没有两堆干草间踌躇而只是直线选择的天然气质，1995年我在写的一本书中曾试图以"圣人—君子—儒士—祭司—成人"的人格"金字塔"给予概括。时隔两年，再翻阅当时的文字，我最感念的不是那概括的是否谨严，而是那一英勇的群体曾经若此时至今日还在感动着我的事实。1934年胡适曾写过一篇名为《说儒》的论文，长达五万言，此中他提出一个很让儒学研究界吃惊的观点，这一观点到半世纪后的今天看，仍然是惊人的。他认为儒在孔子之前早已存在而且起码有几百年历史了，儒其实指的是"殷代的遗民"中一个特别的阶层，是殷民族中主持宗教的教士，在公元前1120年至前1110年即三千年前殷人被周人征服后，这些遗民中的教士，则仍在文化上保持着他们固有的礼仪或者宗教祭典，仍穿戴他们原有的衣冠，仍以他们的治丧、襄礼、教学为业，而以这种方式不仅保存了他们那一族相对发达的文化，并将之自然渗透到当时统治阶层的政治中去。这是孔子以殷人自认的原因吗？胡适说到的文化反征服斗争不知怎么会在这个20世纪末对我有所触动，他说，"在这场斗争中，那战败的殷商遗民，却能通过他们的教士阶级，保存一个宗教和文化整体；这正和犹太人通过他们的祭师，在罗马帝国之内，保存了他们的犹太教一样。由于他们在文化上的优越性，这些殷商遗民反而逐渐征服了——至少是感化了一部分他们原来的征服者"。祭师，或说祭司，就是这样一个意义的实践者，职业的功能渐渐地长成了人格的自觉。他的存在，不仅在传承文化，更在创造神祇和保护信仰，正如殷人中的传教士——儒——在三千年前所勉力做的。

"祭司"之外，还有一个词语让我感念——"成人"。述而不作的孔子仍然没有给出定义，只讲"见利思义，见危授命，久要不忘平生之言"。触动我的是这个词语不同于圣人、君子等所言及的一个境界，成人，是一个名词，也可解释为一个动词，境界之外，它还代表着修炼。所以对应于圣人君子等高度的概念，它在具备广度的同时，还拥有着其他人格范式所不及的长度，标识、提示着修炼的不可绕过。1995年5月，由民间至政府共同组织的以学校为单位的18岁成人仪式活动在全国范围内展开，面对集体宣誓的那个庞大场面，有人问过那仪式后面的职责认定、道义铁肩的传统吗？还有那关于"成人"的深层内涵。

我不清楚为什么在今天我会想到和写下这一切。写下对鲁迅先生在那个特别时代也禁不住以"尽人力以救世乱""孔以柔进取……孔子为'知其不可而为之'的事无大小，均不放松的实行者"作为评价的儒的理解。也许正是为了弄清楚自己为什么写才去写的吧。那个答案，总会有的。那个理想，在书写时，也会清晰。那个一以贯之的"不失其赤子之心"的人格，会显出秩序，又变得活水一般，在它清澈的投影里，我们总能看到自己的影子。波光粼粼中，它依然真实而彻底。

1997年早春，我突然就有一个念头，要去看久未好好看的黄河。迎面站在仍有些凉意的风里，脚下是传说楚汉争雄时古战场的遗迹，我站在那里，从没有以那样一个高俯瞰的角度看过黄河，这条称作民族摇篮的大河，送出去了多少烈士英杰。我仍然记得那汤汤洋洋的阔水面上，一群精灵般的大鸟擦着水面飞过去的样子，宽阔的河面上影子一闪而过。也许引不起人注意，但我记住了它。它们，有时会栖落在一个年轻后人的梦里。在那样一面汤汤的川上，也曾站过一个身着长衫的人，从侧影看无法确定他的年纪，但是他的一句话却遥遥穿透了时间：

逝者如斯夫，不舍昼夜。

他是在说水吗，说如水的时光。我怎么觉得他说的，是包含说话人自己在内的一些人，一种信念，一种使春秋得以兴替，使生命生生不息，使大道得以拓展的因缘。

道在途中

其居也渊而静，其动也悬而天。

——《庄子·在宥》

如果说中国文化人格中只有一个特异人格例子的话，如果说这个特异人格只有一个代表人物的话，那么这个人必定是庄子无疑。因为至今距他生活的年代已过几千年，人们并没有获得一个关于他的真实形象，他是那样的变化莫测，以至对应于他超迈特行、孑然独遗的，只是一派混沌；对应于他的清明透彻、柔静莹洁的竟是与之全然相对的模糊，这件事本身不就很奇怪吗？所以才引得后人一直去说他吗？这种情形延续至今，我无法绕过。20世纪80年代庄子着实热过一阵，像卷过了一场热浪，几乎人人争说，而且到了谁不说他就大有落伍之嫌的程度。老庄之学的兴盛，我现在回忆起来，它的热点在哪里几乎忘记了，也许当时就没有，或许因为自己置于那热浪之外，所以全无记忆。印象里只有谈禅之风，刮过了，像任何80年代能热得起来的事物一样。那些玄机暗藏的观点、观念、思想和辩论如不同级风，刮过去就刮过去了，那些置于风旋中心的人总会找到另一场主题，他们不会被卷走，他们永远处于风暴的当口。禅风大盛的年代，我在做着什么呢？侥幸没有赶场似的卷入那已非庄子的集市吗？其实在我心里，庄子也一直是不清晰的，因此那时的回避就不是自觉，而只是一种对某种一窝蜂形式的回避，性格上对任何炒作甚至做作的反感使我避免了一次赶潮——当然那争说中不乏灼见真识，然而我实在也说不明白庄子在我心中的样子。

　　他一直是一暧昧的幻影。我想对包括我的许多人都是如此。有时我觉得，不妨就让他留着混沌的面貌，而不自作聪明地将之凿开。因为我认为他几乎不可能接近，对他的描述也将是对描画者的极大考验，而这一关，千年以来，几乎无人顺利通过。

　　没人说得上他的形象。他常常给人以神的直感，所以争说之中，他一直是空白着的。他本人，只是做了说者的工具——这是庄子最想不到的。在论者那里，我少见于他，相反，却是说者的形象愈来愈明，以至越过了本事，那繁衍意也愈益丰厚起来。说心里话，对庄子，我以前一直喜欢不起来，倒不是因为别的，单他在妻子死后"箕踞鼓盆而歌"一节就让人感情上受不了，何况又来那与惠施对答的辩白——亲人死了还能讲出那样一番大道理,还有那样有关生死的理智,让人费解。还有中学课本里的《庖丁解牛》,《庄子·养生主》中讲庖丁杀牛的"以无厚入有间,恢恢乎其于游刃必有余地矣"的十九年屠夫生涯,以至牛被解杀之后的庖丁"提刀而立,为之四顾,为之踌躇满志"的情态都让人感觉不怎么舒服,老子尚讲要以悲痛的心情来对待战争,要以丧礼的仪式来处理胜赢,讲求"恬淡为上,胜而不美",视兵器为不祥之物,不以之为美,庄子怎么在平白无故拿去了一个生命时就能那么心安以至对"善刀而藏之"的庖丁的表功理论还掩不住激赏呢?文惠君真的从杀戮里看出了养生吗?那解牛的技巧真的就高于牛本体的生命?为了说明养生之道它就必得做这道的牺牲吗?活生生的牛被放置一边不被顾及却要说一个曲意到抽象的道理,这和视生为第一其他为外物的庄子怎么矛盾着?不知道是不是因年龄心情故不能心会庄子的妙处,反正那"砉然""騞然"的声音与姿态在我这里听看起来是绝无"经首之会""桑林之舞"的感受的。大学中文系时学到《逍遥游》着实为鲲、鹏之临风飞举的"水击三千里,抟扶摇而上者九万里"的气势打动,然而庄子旋即弄出些蜩、学鸠和蟪蛄来,将人的视线一下子从"背负青天"

的高空拉至地面，这种急骤的镜头变焦也让人不能适应；还有，我身处的这一民族性格中对狂人与怪诞事物的心理承受能力，也许是放浪形骸的字面理解使人不喜庄子之渊，又如安时处顺、清心寡欲也很容易混迹于随遇而安的痴愚主义，对内在痛处的不深究与对外在环境的无要求所造成的回避，就是那终胜刚强的柔吗，也让人满心怀疑；关键还是，"游山泽，观鱼鸟"的"江海之士、避世之人"中多有虚矫，所以不信，却沉埋了真正拥此心怀的人，他们在"身后名"与"一杯酒"之间，从来选择后者，所以又让人觉得有些及时行乐的不负责任与轻佻放纵，总有颓废之嫌，荒放与反抗之间，后者的颜色总是越来越淡，老庄亦成了一个借口，一层套装，任谁人都可披了去，演他自己的戏。年龄再大一些，这种直觉的不喜会变作分析，比如一见庄禅并语就满心警惕，因为历史上确是禅害了庄，庄禅并称的研究倾向或风气似乎暗示提倡着什么，使庄一条线上走向了"化"与"无"，另一条腿迈在了诡辩上，禅宗打不完的公案嘴仗有一种相缠相扰不依不饶的意思，反正在我眼里是距远机心绝智辩的庄子愈走愈远的。

从前有一只大鸟，住在水深无际的北方大

海，这只大鸟是一只鲲鱼化成的。现在它的名字叫作鹏，也就是古时候的凤，凤是那样的长和大，简直有几千里，它腾身飞起奋力张开的双翅就像天上的云，没有边际。这只凤要去的地方在南海，有一部叫《齐谐》的古书记载了它的迁徙，说它翅膀拍击水面能击起三千里内的波涛，说它的飞行卷起飓风能上扬九万里，它的旅程足有六个月时间才能走完。它在那里飞，寒蝉、灰雀、斥鸰在讥笑。这时它看到的是春日林泽原野上蒸腾浮动着奔马形状的雾气，那是自然万物生息相动的吹拂；天空湛蓝湛蓝的，有青青幽幽的颜色滑过去，那是它的身体吗？飞得太高太远的凤啊，凡人无法看清它的神貌！

距庄子生活年代较近的《史记·老子韩非列传》里，对庄子，太史公也不过用了 235 个字，而且庄子其名还没出现在题目里，足见他真正达到了行履无痕。然而这在近道体道的司马迁也让人有些疑惑不解，或者真是庄子的事迹实在留存太少，无法补缀于正史。在有限资料里藏身隐形未尝不正是庄子的本意。"庄子者，蒙人也，名周"，这是一个基本的履历，"尝为蒙漆园吏，与梁惠王、齐宣王同时"是说身处的时代，"其学无所不窥，然其要本归于老子之言"说其要旨，说其著书十万余言，大多寓言是"以诋訿孔子之徒，以明老子之术"，"善属书离辞，指事类情，用剽剥儒、墨"，大约正是为此，还有那根本不是为权势者准备的"洸洋自恣以适己"的语言，"故自王公大人不能器之"。王侯大人是不会费劲从暧昧难通的寓言里找什么道之法则的，他们更倾向于省力的法规式的语录，更直白地告知，而不会花时间去做推导，争夺日盛的战国任谁也坐不下来听一个疯子讲什么个体价值及对这价值的体验的。兵马战戈的时代那心情是放不下的，它太过奢侈，国王侯爵想得更多的是流血换得的疆土，在那个一律向外扩展向外攫取的时代，那个生存的艰难更甚于孔子春秋的战国时代，四分五裂的不仅仅是表面能见的昨是今非变动不居的版图，更深的裂痕已经注定在那里了。那个身心分裂到极点的时代，连孔孟的仁都拯救不了，何况庄子回到更其心内的悟呢？生在一个不逢时的年代，庄子还能在什么地方安放他的魂魄呢？他找都不要去找。那种对外界一概的大拒绝，使之在自己不能自由选择的时代里保持了自由的上限，一面是"真风告逝，大伪斯兴"，一面是独泊于道，任心而行。那种视天下为物而不为其所役的自警，使其气质上反获得了峥嵘浩荡。对于庄子来说，气是无须刻意去养的，内圣之道就在无限的舍弃之后，所以要想有为，必须首先是无为的。无为于事物，无限舍弃常识世界对人的局促与设计，才能达到内心静观，体认常道，才能拥有清明如镜、柔静莹洁的内心，这可能正是由鲲变鹏的一步。

不为物役的拒绝，在格局大变动也是价值大形成的战国时期，在诸子都要立说以治——为政或为世——的千载难逢的出大政治家思想家的时机，庄子竟然安之若素，心中坦定。春秋再不复返，战国的倾轧与动荡已无药可救，庄子所提供的就不再是针对一时一事的药方了。来世不可待，往世不可追。已经不再是"往者不可谏，来者犹可追"的孔子时代了，战国比之春秋，更绝望，更分崩离析，谋者的角色已完全失效，虽然也有孟子、荀子和韩非，但庄子冷眼看到的是常人所不见的一幅图景。不断泅出的血泊之上清谈止血的方案，亦为庄子的热肠所不愿。那么，只有一条路，在失范的社会已不及挽扶之时，能够挽扶与规范的只有自己，能够坚执而不坠落的只有自己，虽然自己并不是挽扶的目的。我一直以为这是一条更其艰难的路——在旁路断裂之后，庄子走上了它，以突显的自我横空出世似的暴露于沉浊之中，没有外衣，他不习惯于用什么服饰包装或保护自己，他穷得只剩一双草鞋，一身打着补丁的粗布衣，哪怕见王侯时也是如此，面对魏王"何先生之惫邪？"的惊讶，庄子坦然于"贫""惫"之分，"士有道德不能行，惫也；衣弊履穿，贫也，非惫也；此所谓非遭时也"。生不逢时，这是最大的悲哀。"今处昏上乱相之间，而欲无惫，奚可得邪？"怎么办？对视相位如腐鼠，讥邀宠为舐痔的清高个性的人，那问题几近不存在。其实是放弃了后果，才可说他放弃了前提。无待。无所待。庄子提供给人的是另一路线，它暂不通向治世——他以为那是标，它通向的是治心——他认定这是本。所以他放弃。《史记》有关他事迹的寥寥 200 余字间，太史公仍不惜笔墨画魂似的讲了一个故事："楚威王闻庄周贤，使使厚币迎之，许以为相。庄周笑谓楚使者曰：'千金，重利；卿相，尊位也。子独不见郊祭之牺牛乎？养食之数岁，衣以文绣，以入大庙。当是之时，虽欲为孤豚，岂可得乎？子亟去，无污我。我宁游戏污渎之中自快，无为有国者所羁，终身不仕，以快吾志焉。'"这就是那个不断在此后历史中翻版重述的庄周拒为楚相的故事。"终身不仕，以快吾志"的原因竟是"我宁游戏污渎之中自快，无为有国者所羁"！他笑着对捧着厚币的来使说："子亟去，无污我。"

　　从前有一个渔夫，这天正在濮水之上悠闲地垂钓。楚国国王派的两位专程来找他的使者找到了这条河上，现在他们就站在渔夫的身后，他们大概是说了不少的话，只听得最后一句是：大王愿将国内政务大事委托给你而由你代劳呢。那个独自垂钓的渔夫一脸漠然，他手把着钓鱼竿子竟连头也不回，回答那个邀请的，是他缓缓讲出的一个故事——我听说楚国有一只神龟，已经死了三千年了，楚王用竹器装着它，用巾饰盖着它，把它珍藏在宗庙里。你们说，这只神龟，是愿意死去而留下骨骸让人尊供它呢，还是愿意活着在泥水里拖它的尾巴呢？两位大臣说：当然是愿意在泥水里拖尾巴了。渔夫说：我就是那只在泥水中拖着尾巴的龟呵，你们就不要拿刚才的话吓跑我要钓的鱼了。

　　庄子不是姜子牙。对于世，他什么也不钓。或者说他是真正的垂钓者，对于水，对于鱼。粼粼水波就是他的所见，而不是什么更深更曲意的"大鱼"，所谓"愿者上钩"对他而言，可说无稽。楚王有楚王的愿意，庄子有庄子的愿意，庄子不以楚王的愿意为愿意，他所遵从的是他自己的愿意，而且这愿意他还反过来要求楚王必须遵从。这在战国那个特别时代，那个视人如草芥，说不合意就刀戈相见血流成溪的时代，能如此做，确实需要罕见的勇气。这个意义上，我是相信朱熹在《朱子语类》（卷一二五）中说的话的："庄子当时也无人宗之，他只在僻处自说。"无人宗之，是指他的弟子不如孟子等众，虽食有鱼，但记载中看是出无车的，而且从当时的文献看，涉及他的只有荀子一人，其他诸子对他不著一字。这种现象耐人寻味。是穷招不起弟子，还是那狂狷根本无人领会？总之，一种集体的冷落落在了庄子的命运里，一向不以身外价值为价值的庄子当然不会有所理会，何况那些汲汲于外界事功并着重影响之人是他眼白所对，但是这种现象仍然让人念及他精神上的一位老师。老子的话也许在那命运到来之前已为他准备——"众人熙熙，如享太牢，如登春台。我独泊兮，其未兆……众人皆有余，而我独若遗……众人皆有已，而我顽似鄙"。庄子甘愿让这样的命运落在身上，也不愿像那熙熙攘攘争登高台的众人。所以他的"只在僻处自说"，我是相信的。因为那个时代确也无人具备宗之的能力。

　　庄子凭借此使自己免于复制，这可能是庄子对抗那早晚要食人的"物"的最好例子。反复制，李泽厚在其《中国古代思想史论》中讲它是反异化，"人为物役"的对面是"不物于物"——他讲这可能是世界思想史上最早的反异化的呼声，并提醒说它产生在文明的发轫期；他接着提示说这也是今日哲学史家捉住庄子抨其落后、反动、倒退的一点。不当官也罢了，干吗还要让人回到"居不知所为，行不知所之"甚至"生而不知其所以生"的无智无识的原始蒙昧社会？何止一个庄子受这箭伤，有关异化的理论在20世纪多起来，对反异化思想的再反动的一个合理理由就是贫困论，是说那前提的不足，是说尚不到叹息为物所役的地步，归到底那理由是一个不曾写下的"穷"字。然而布衣上打满补丁的庄子仍然对看似能解放自己的物不屑一顾，这是为什么？他的前提又是什么？那对异化的警惕确是超越事功的，超越于一时一物，与他同时代的诸子不同，庄子不再想提供一种方案为那个时代，一种大失望使其觉得他所身处的时代已无药可医，他提供的是能够覆盖所有世代的思想。没有前提，所以拿前提去看他命题的人只会误解了他。他致力的不是"经"与"济"，对象亦不是国与时，他专心于一，这个"一"，有时抽象到永恒的存在法则，一种生存的质量；有时又具体到一个人，一个自我，一个生命的个体。所以，异化含着两个向度："役化"是物做了人的主人；"复制"是人丧失了原本。两种人"异"就是庄子毕生警觉的，所以他一再地用寓言用故事说着它。明白了这一点，谁又能说他是无为的呢？我注意到庄子的画像是很难找的——这一点有别于老子——我见过的只有两幅，一幅是北京图书馆藏清道光版《古圣贤像传略》中的漆园吏像，图画中的庄子侧身正襟，只有危坐的半身，怀抱一木杖，面部苍硬；一幅是现在比较普及的庄子头像，在陈鼓应先生《老庄新论》、杨柳桥《庄子译诂》等书封面上可以找见，稍年轻些，冉冉有须，神态自怡。我想现存的庄子像大概只这两幅吧，或许还有，就是这两幅像也是那么全然不同，一个洒脱，一个浑重，一个拒做另一个的镜子，庄子就是这般地不可复制。那个渔夫垂钓的濮水已经消失了，濮水只流淌在古籍中，这是我来到这个城市才知道的。1996年10月，我在濮阳暮色合围的街道上漫步，想着那个渔夫，濮水之阳，应该是那北面的河岸，如今已被一座新兴的现代城市代替了，没有水草，人都很少，但是高楼盖起来了，它的影子投在干净如水的路面上，让车子碾过去，电视报道说这是一座刚被列入国家卫生文明城的城市。

　　从前有一个园丁，白发苍苍的样子，这天他正在汉水北沿怀抱着一个大水瓮从井里取水浇地。一个年轻人恰好路过这里看到，年轻人说：如果有一种机械，一天可以浇一百畦，又省力又功效高，老先生你想试试吗？园丁抬起头问那青年：怎么做好呢？年轻人说：用木头加工一个前轻后重的吊杆，打水如同抽水，快得很呢。园丁变了脸色却仍然笑着说：我从我老师那里听说，有机巧之器必定有机巧之事，有机巧之事必定有机巧之心，有机巧之心必定本性不再纯洁空明，本性不纯洁空明，精神就不会专一安定，精神不专一安定，大道就不会充实于心。你所说的方法我不是不知，只是心以为耻不愿那么做罢了。

　　不愿与物有机，只为禀心纯一。《淮南子·诠言训》中讲圣人是："……人虽东西南北，独立中央，故处众枉之中，不失其直，天下皆流，独不离其坛域。"拔俗于此，在别人看来是不易，而他却自然天成。抱瓮丈人仍然用他的瓮浇他的菜园子。这种守拙的固执在讲效益的现代人看来只怕是要当段子听的。然而世上就有那么一种人，去巧，去聪明，去知，去贤，去机心，为达纯粹朴素，质直皓白的本性——那乱世中的清心，作于诈，世与俗是一应划在祛除之列的。他们不求一事一时的功利，只要那是损害了心灵纯一的，他们就不去做，为此哪怕损失了再大的利也在所不惜，他们持守认为对的精神而不善顺时而动，他们生活在一个对他们自己的心灵无限真实也无限阔大的世界里，这个世界别人进不去，他们又绝不肯出来。于是在斤斤于利营营于势的人眼里，他们确是有些迂的。连形势都跟不上，哪里还讲得上什么安时处顺，只怕是要被甩在时代后面的，自己还在讲什么养生的大道理。灰雀这么叫着不止几千年了。

对器的放弃，儒、道是一致的，但庄子做得更彻底。那明确的无为表面看有些漫不经心的样子，然而无为却不是他的目的。比如木，儒是拿来做吊杆、做椽子的，庄子就宁愿让它闲着；儒家讲它的用，用途与功用，庄子则讲它的无用；儒家的君子不器是要求界限的前提，有假如在里，如果有义有明君，事情还可做另外的处理，庄子则全面封死，不设假如，他从根本上就取消了那个在他处身社会里不会存在的前提。所以当别人拿了树与鹅的命运来问他时，他会笑着答"周将处乎材与不材之间"，这种进退悠游的心态真是遭际所致吗？我倒只相信一半。"庄子行于山中，见大木，枝叶盛茂，伐木者止其旁而不取也。问其故，曰：'无所可用。'庄子曰：'此木以不材得终其天年。'"终其天年是无用的目的吗？表面上看是的，重生的庄子什么都舍得，唯独生命是不肯轻弃的，但如果只为终天年庄子又何必将放弃讲得如此反反复复不舍不弃呢？他干吗要口干舌燥很不养生地把表白当成一次劝导，那"只在僻处自说"的他，干吗一再地论说这个对其养生根本无用而且还会费其气伤其神的"无用"的主题？！

　　从前有一棵神木，长在山坡林子里，人们都管它叫樗树。樗树的树干疙疙瘩瘩的，不符合绳墨取直的要求，樗树的树枝曲曲弯弯的，不适应圆规角尺取材的需要，所以伐木人走过它旁边连看都懒得看一眼。村里有一个人很为它的命运担忧，这时旷野外走来一个人，正碰上村人坐在树下叹气，旷野人什么都像没看见，唯独走到这棵大樗树前，抬头仰视着它庞大如盖的繁枝，叹道：如果把它栽在什么也不长的

地方，栽在无边际的旷野之上，我就可以无忧
无虑地躺在它下面了，何至于长在这里时时可
能会有遭砍伐的伤害呢？

　　山木生来是用来做器械工具的吗？庄子一再反问。
由此，庄子走到了山木的本体。在此之前，没有哪家问
及作为个体的本体，只将"见用"作为一个个体存在的
价值，它之所以存在，是为了有用，在"用作什么"的
范畴里才有界限与区分。庄子不，他抛却"用"的概念，
只将这个个体本身的存在作为其存在的价值，它存在
着，百无一用，也有其价值。这在今天也是独异于人的
观点。
　　庄子一再探问着神木的价值，用种种设喻，好像他
就是那棵拒做器械的樗树，那桩呆木头。鲁迅《故事新编》
中的《出关》一开始就形容尚任图书馆馆长的老子"好
像一段呆木头"，其后，"一过就是三个月。老子仍旧
毫无动静的坐着，好像一段呆木头"，以至影响到入周
问礼的孔子"大家都从此没有话，好像两段呆木头"；
以至一再反复的"毫无动静的坐着，好像一段呆木头"
几成道家的形象缩写，这大概正应着"形如槁木，心若
死灰"这样的意志，只是鲁迅笔下的庄子与通识的庄子

不同，《起死》为《故事新编》的最后一篇，与《出关》同写于 1935 年 12 月，因为《故事新编》是鲁迅最晚的小说集，这一篇则正是他生前小说的最后一篇，却独独用了独幕剧的形式，脚本人物提示中的庄子：黑瘦脸皮，花白的络腮胡子，道冠，布袍，拿着马鞭。语言全部口语化，带些京剧道白，外加俚俗语，这一出讲的是庄子复活一骷髅的故事，出处在《庄子·至乐》。在颇显滑稽的庄子与司命大天尊、骷髅（复活后为汉子）、巡士的闹剧式的关系中，该注意庄子的"要知道活就是死，死就是活呀，奴才也就是主人公"这一句台词，这当然是对"方生方死，方死方生，方可方不可，方不可方可"的全无界限哲学的讥讽。庄子给了那汉子又一次生命，也让那复活了却一无所有的汉子捉住了袖子，要扭他见保甲，以至落到在不负彻底责任的庄子走后警笛狂作里生不成也死不成的尴尬中。全剧以庄子脱身而"逃"落了幕。这里的庄子，一改"呆木头"的刻板形象，表现得积极活跃，但积极得又不是地方，惹了一大堆麻烦不说，主要是不能彻底拯救。这是实质。道与庄子对于个体自我，对于知识阶级的人格心灵尚可补充，但讲到救世则完全是另一回事。

所以他明确"无为"。无为由"不用"而来。因此距自由最近。《沫若文集》第十二卷中《庄子与鲁迅》与鲁迅本人的《写在"坟"后面》等文都述说过庄周对鲁迅文辞和思想的影响，所以我习惯于将《起死》看作鲁迅本人对自己思想的最后清理，对一个知识分子的无力与无奈的深深遗憾，也许还有那标题所蕴含的大失望与大希望在。不用、无为的自由，可能还有这一层意思：表面的呆木，与内中的活水；外在的拒绝，与内里的有为。

　　从前有一个旅人，他正在道路上行走。这天走到了濠水桥上，看到水里有一群群白鱼。他俯在栏杆上看得有些入迷，不禁叹了一声：游得悠闲自在，这就是鱼的快乐啊。一个过路的恰巧听见了他的话，便停下来说：你又不是鱼，怎么知道鱼的快乐呢？俯在桥头的旅人头也不回，说：你又不是我，怎么知道我不知鱼的快乐呢？

　　漆园最后还是荒芜了。现在的考古还未能揭示它的地点。据说是主人管理不善，在一本书的《秦简》引证中闪过这样的印象，不管它曾是一片漆树林，还是一座漆作坊，都已不重要了，重要的是漆园之荒倒是解放了它的主人。庄子肯定是不善经营的，所以活到今天也不会是一个小业主，肯定还如从前一样，只能靠些手工为生，比如打草鞋、钓草鱼之类，他对生活所要很少，因此能够保住那一生只有一次的生命的质量，而不像常人所肯认与津津善道的那个语意莫详的生活质量。自由，是谁也夺不去的，包括那因自由的心境而得的平和、喜悦、无邪与快乐。

　　有这种心境的人是内心强大到无畏的，所以他的目光不会囿于一个园子，他的心灵驰骋在一个无用篱笆圈起的天地间，他生活于无所失的生活里，没有斤两间的计算，还经常能有所得，静静地体会常人体会不到的快乐。那种水间自由游弋的快乐，对于桥上的旅人，是无功利的心镜的反射，他只在那里默然心会地欣赏，而不像另一些人惦念着这情景之外的另一番利润——他们信奉的是"临渊羡鱼，不如退而结网"。因为不是什么都要得到，所以无所失去，无失所以能够无畏。而这一切都源于不羁，源于自由。"愿意"就是那"惚兮恍兮""窈兮冥兮"的说不出的"道"吗？愿意。永把自己放在制之外，这就是"自由"二字的个体含义，这将注定这一思想自它诞生之日始就与这个世界相分离，不以"致用"

为目的，是思想与学问的另一道界线。道是思想而非学问，正如自由是体验而非标尺，你永远无法像过路人那样一心想去衡量它，把活水中的鱼放在筌子里。这一点说，庄子思想一直是乌托邦的，这个与那个时代，它的价值是一样的，它不像儒家专致于要为那个残破的房子样的世界找一顶盖子，制定一套秩序，为此他们的确尽了心力；较之修补，庄子干脆想整个地拆掉房子，或许再盖一个出来，那自由是更个体的，他的乌托邦也许是"至德之世"，却肯定是建立于与我们所理解的一己化的个人主义全不同义的个体的乌托邦上的。明白了这一点，就会知道为什么一些道家之人在没有儒家那拯救的强大信念支撑下亦能做到无所畏惧。

　　从前有一个射手，来到一个比赛射箭的场地观看。他看到射箭比赛的冠军能够将一杯水放在手肘上连发三箭而水都不洒出杯子。等赛事完了，他走上前去邀请那位得了桂冠的射手，一同去悬崖比一比箭法。于是两人来到了悬崖边，赛场上的冠军吓得趴在地上，张不开自己的弓，曾做观众的射手却一直走到悬崖尽头，两只脚跟悬空站在万丈悬崖边上，笑着却不取

下自己背后的弓。人们说这就是"射之射"与"不
射之射"的区分。

做一个"上窥青天，下潜黄泉，挥斥八极，神气不
变"的人，无己仍是一个条件。说到己，说到理想人格，
与儒家人格范式圣人—君子—成人的"金字塔"不同，
道家人格形态在名称上相当分散，其人格格局不妨叫作
"柱形"，由天人、圣人、真人、至人、神人、隐士依
次展开。道家人格有一个特点，其诸多形态在表义上并
无内涵的不同，也不像儒家人格范式所表征的有等级差
异之分。在价值的天平上天人与神人、真人都等值，而
且具互义性。用不同的名称来厘定它们，我想一是出于
破定义的需要，一在文采。副义带来的则是那无限广展
的外延。虽然如此，从"不离于宗，谓之天人。不离于精，
谓之神人。不离于真，谓之至人。以天为宗，以德为本，
以道为门，兆于变化，谓之圣人。以仁为恩，以义为理，
以礼为行，以乐为和，薰然慈仁，谓之君子"的《庄子》
最末一篇《天下》中，我们也可觉出侧重。天人，这个
自然状态的人，儒家人格要提升转化成人文人格的对象，
在道家那里，却是天成的人格顶点。圣人，八十一章《道
德经》就出现有二十六章 32 处，《庄子》三十三篇也多

有提到，圣人还化身为如《道经》中的"上善""善为道者"，《德经》中的"大丈夫"，如"上士""上德""广德""建德"，如"婴儿""赤子"，其品性如至柔，如清静，如玄同，如慈，如俭，如以正治国，以奇用兵，以无事取天下，等等。《德经》大量涉及政论，《道经》的人格化圣人到《德经》中已变异为角色化圣人，治国、用兵的功利与实用，使老子后期不复找见"被褐怀玉"的纯粹意义的圣人。圣人由宇宙的创始者、揭示事物运行变化规律的道，向修身之道，尤其是治国之道偏移，以至将万物自化系于侯王身，这也许是与老子曾为史官的经历分不开的，游离于自然而进入权术之治的这种人格阐述者自身人格的必然性发展的课题是相当有意思的，由此反观庄子以自由人身份而对圣人人格的坚持，就会发现他所继承的是老子早期精神境界的道，而放弃的是老子改造政治的社会理想的道，这种修正的美学上的进步可能在于一种否定时境的超越感。所以《知北游》中会这样定义圣人："原天地之美而达万物之理"，《渔父》中则是"法天贵真，不拘于俗"。所以虽然也有《应帝王》的参政，然还是与儒之圣人着重不同。

从这个角度谈，真人、至人、神人较之圣人、天人，更能突出庄子的人格观念。与儒人格的外向性不同，道之人格理想是内指向的，这可能是中国思想史上的第一次"内转"。立身淳厚，存心朴实，崇道薄礼，与儒家人格代表的中国人文文化的此岸性不同——即便是老子的理想人格，也未能跳出此框，足见此种人格文化的强大，这也是庄子一直要与他的思想老师老子划界的原因，身份处境与心境都发生了置换，他急需找到与自己相衬的语言，来保住那与生命并重的"无为有国者所羁"的"天地精神"，为此必得有不同于人所通识圣人的新人，来表述与社会秩序范畴不一的个人自由。必然地，这个新人站在偶像性、现实性、此岸性之外，他具彼岸性，他体现这个道并常常与道相叠印，他就是那个只服从内心法则内心律令的人。他像真正的士，游离于等级之外，居于身的流动与心的自由多重选择的空间里，不受束于事务，以顿悟代替修炼；他善于静观冥想，那对于它如同超越；他，就像一个不存在于世间的形上的气之凝结，然又确实存在于世间的一个无法手触却可感知的人，他化形万物，他就是大道本身。

　　从前有一个神仙，住在遥远的姑射山上。肌肤像冰雪一样洁白，容态像处女一样柔美，不食五谷，只吸清风饮甘露，乘着云气驾御飞龙，遨游在四海之外。他的神情与精神凝聚专注，使万物不受灾害而年年五谷丰登。这样的神，外物没有能伤害他的，大水滔天却不会淹没他，天下大旱却不能使他焦裂或熔化。

"乘云气，御飞龙，而游乎四海之外"，这是多大的气魄。有王者之气，却绝不拿它去抵押自由，这种气魄更了得。庄子创造了一种"真人境界"的人格来对位于儒家的"圣人文化"，区别是，真人、至人、神人代言的理想人格更无所倚，无所恃，他特立独行，又天人合一，是"独与天地精神往来而不敖倪于万物"，所以圣人在庄子笔下也变成了"将游于物之所不得遁而皆存"。对应"何谓真人"的设问，庄子的答案似全集中在《大宗师》中："古之真人，不逆寡，不雄成，不谟士。若然者，过而弗悔，当而不自得也。若然者，登高不慄，入水不濡，入火不热。是知之能登假于道者也若此。古之真人，其寝不梦，其觉无忧，其食不甘，其息深深。……古之真人，不知说生，不知恶死；其出不䜣，其入不距；翛然而往，翛然而来而已矣。不忘其所始，不求其所终；受而喜之，忘而复之，是之谓不以心捐道，不以人助天。是之谓真人。若然者，其心志，其容寂，其颡頯，凄然似秋，暖然似春，喜怒通四时，与物有宜而莫知其极。"三个排比之后，是与圣人、贤、君子、士的区分，直到真人人格面貌的圆满，终作结于"天与人不相胜也，是之谓真人"，这种作结的句式出现在《刻意》《秋水》《渔父》《天下》中。至人，见于《齐物论》《应帝王》《天道》《天运》，比如"至人神矣！大泽焚而不能热，河汉沍而不能寒，疾雷破山飘风振海而不能惊"，比如"至人之用心若镜，不将不迎，应而不藏，故能胜物而不伤"，等等，言他的超越生死与利害，言他的淡泊清虚，修养高尚，"死生无变于己，而况利害之端乎"！无奢无华，不拘不束的心地来源于"守其本"的"外天地"与"遗万物"，这种心境与心力已然恬淡到了强悍。这与老子一味的尚柔不同。

所以有那神人，不为索取，便能蔑视，或说俯瞰，"背负青天朝下看"，这种气魄，一语点破神人的独异，他留下的尘埃和谷糠都能造出尧舜样的圣贤来，又怎么会把管理万物作为己任呢？！"天下不足以为之累"，但愿我能一直从它的积极方面去理解它。"上神乘光，与形灭亡"，普照万物又混同玄合的精神超脱物外的神人，其全无世俗性的高蹈常常给人以非人格的印象，有人论及道家思想具非人格性也是不奇怪的，但是庄子的神人绝不是不能企及的人格神，神人化不是他的目的，凡人是能做到的，例子就是庄子本人。他的人与文亦是叠印的。对于那不信的人，几千年前的哲人似乎已经准备好了答复。肩吾说：（神人）……我以为这全是虚狂之言，不可信的。连叔答：是呀，对于瞎子没法同他们一起欣赏花纹与色彩，对于聋子没法同他们一起聆听钟鼓的乐声。难道这只是形骸上的聋与瞎吗？思想上也有聋与瞎啊。"瞽者"与"聋者"，不止肩吾一个人吧。庄子给出的颇富预见的答案里，也一直说着那人格理想的超世俗理解力的部分。但不是强调，庄子只是形容，没有推论，义理也派不上用场。庄子只是形容，只是尽可能地接近，不去确认。于此，庄子在使其思想居于当时代方案之外，使其本人居于当时代体制情形下，又推进到使他的方法也居于任何学理的框定之外。所以他会一再地写到那畸人，在神人、真人、至人之外，畸人的身畸与心全可能正是换了一种眼光从外面看，世俗人眼里，庄子也确是那整个时代都无法理解的一个"畸人"，所以同时代人不去说他，诸子著述中很少言及他。这种集体的淡漠之后，在魏晋，他却找到了无数的知音。

　　从前有一只蝴蝶。清澈见石的山涧，它翩

然飞舞的样子非常好看。一个游子用草帽盖了
脸在山石上睡着了，他梦见自己变成了那只飞
舞的蝴蝶。等他醒来的时候却是俯在半路上的
一个木墩上，只有衣袂临风飘起，面前干白的
大道刺人眼目，哪里有什么蝴蝶与山涧。游子
站起身来继续赶路，不知自己尚在梦中，只是
这回，做梦的是那只翩然飞舞的蝴蝶。

庄周梦蝶几可视作人类的一笔精神财富，解析的文
字连篇累牍，值得注意的却是"齐物"题下的物我泯一
肯认里人格角度的缺席。那个有关人格的寓言离我们已
相当遥远了，然而仍能品出其中浓郁的思想清芬。那几
重含义里，包括浪漫性、合一性、开放性、创生性、超
越性以及生命短如蝴蝶而生死、梦觉有了无界限的矛盾
与和谐，以这样温和的目光看世界人生，或说能以这样
的目光俯瞰生命的这个人，所具有的人格品质又不仅是
以上那几重精神的组合，应该是它们的各自的晶体放在
人生所代表的时间的这个盛器中加入了生命的水所冲沸
的一种状态。我经常在新茶于水中沉浮时瞥见这种状态，
在某些梦境与现实交错出的心境里感到这种状态一阵风
似的从肩上滑过去。它确存在于言说所能触及的世界之

外，犹如一种美，体悟它时用了全身心，表述时却只剩语言这一种武器可以拿来。这种不公平，"以世之沉浊，不可与庄语"的无奈之外，庄子创生了寓言来对其超越；而对现代人，却是制造了笔仗的开端。所以更应重提这种人格，虽然现在尚找不出一个确切的名词来定位它，它是如蝴蝶般美丽，如蝴蝶般自由，如蝴蝶般不知生死或超然于此而视其为梦与觉的转换般自然。它是的，如蝴蝶般只在自己的存在中生活，如此，谜般复杂的世界在他眼里，一切又都恢复到原初的简单。蝴蝶梦预言了这样一种人格，这人格无名，连真人至人神人的名称也不要，这人格可看作是庄子本人的自喻与象征。这自由，这存在，这人格代表的人类自庄周起就做下的梦，也许还揭示了道家最后的必然境。老子出函谷关后消逝了，庄子在一场飞翔的梦中遗失了自己。圣人无名。如此，蝶化了的庄周得以飞翔在以后历史所创造的人格的最大空间里。从魏晋隐士的衣袂上，我们最先看到了他的翅膀投下的影子。

隐士的成因确来自"义所不从"的选择权。所以有时它很接近儒的概念。魏阙与江湖间，它代表着一种边缘人文精神，真正的隐士只是因保护自由的信念而隐，倒不在全身，真正的隐士恰恰是不养生的，他们因隐的原因——那执着到舍弃世俗的强烈本心而难享天年；看看《世说新语》等文献便会相信这一点，它区分于存身之道的待机而隐，附庸风雅的钓名之隐，欺世盗名的假隐等角色意的隐，这类的隐虽蛰居山林、遁迹空门却时时心怀叵测、伺机而动，隐成了真正的存身。而魏晋三个"隐君子"，无论是阮籍、嵇康之隐，还是陶潜之隐，却都在隐心。不为是因为有为，无争是因为有标准，所以清秀俊逸是一方面，更内核的是刚烈直质，而人们往往看不见。所以有《卜疑》中守道如一的弘达先生的一连29个问号的嵇康式焦虑，有《声无哀乐论》《难自然好学论》《难宅无吉凶摄生论》的去伪存真的反诘与论辩，有《与山巨源绝交书》《与吕长悌绝交书》的与势的界限，不是无所用心，正是有所坚执。难怪鲁迅要选《魏晋风度及文章与药及酒之关系》作讲座题目，难怪他校勘《嵇康集》的倾心，难怪那集的主人要躲到洛阳郊外打铁，他热汗淋漓地挥动锤头，想锻造什么呢？为时代，也为他自己。

明白了这一点，就难怪阮籍在写了《通老论》《达庄论》《大人先生传》，写了那个非世俗之所及的"与造物同体，天地并生，逍遥浮世，与道俱成，变化散聚，不常其形"的"大人"之后，还会同时写有82首"长剑出天外"的咏怀诗，陶潜亦会在田园南山之外尚不忘他金刚努目的猛志。道与势的分离造就了隐士，然而，与生命一起怦然扯断的《广陵散》告诉我们，士在关键处高于隐士，士只隐势不隐道，这就是在隐者的身份中所包藏的那个依然完好而顽固的核心。"来何汹涌须挥剑，去尚缠绵可付箫。"好像是龚自珍的诗句。如果隐士是全然的放弃，又何来那么多岿然独处、卓荦不群"流金石之功"的清言呢？有所不弃的隐士，和他所包含的大人、君子、至人以及师承的真人人格内里，难道不是一致的吗？在有所为方面！我以为是。先秦属文以明道，而魏晋付出的则是人本身、人格；到了文穷辞尽，文不足写，诗不尽言时，它所用以表志的就只有人自己。所以立功、立德、立言之外，仍有立人。立人，这是真正可致不朽的，虽然这么做时，他们并不用心于这一点。魏晋少有理论，它用血肉证明着，使研究者无法绕过，并成为衡量研究者的无形的标准。而这一传统，这种对自由的敢拼了性命的追寻，谁能说不与冷眼热肠的庄子有关？

所以不要忽略道家庄子的"大"字。大鹏，大树，大人，大丈夫，还有那世人眼里无当无用的境界之大，确在说着一种狂飙的精神，敏锐而能不伤怀，失望而能不靡颓的庄子，并不如老子教的处柔，在一些事理面前，恰恰尖锐坚硬得很。

潜身守性的人，往往同时桀骜不驯，"生死为徒，吾又何患！""圣人……入于不死不生"。这种超拔于死生之外的人本质是背对山林的，骨子里的超然使其鄙夷世俗，有所不为，而能指却是有所大为，不然他的独处一隅自说自话不会传得那么远。这可能就是道家庄子至大至刚的一面，"乘天地之正，御六气之变，以游无穷"，这是至大；"大泽焚而不能热，河汉沍而不能寒，疾雷破山飘风振海而不能惊"，这是至刚。至人之"至"，就是这个极致。

至此，战国那场连天的大火中终于飞腾出了一只凤凰。庄子是有为的。虽然同一时代的官窑里放进了不少陶土，也出了一大批器皿，然而供静观的多，实用的也有，能够飞翔的，只有那当时静守如一的。它默然的修行终造就了一副美绝的歌喉。天籁一般的世界里，它带血的嗓子唱得仍是那么快乐自由。

　　从前有一个书生。在一堆灰烬里捡到了一本书。带回家看，青灯下，那黄卷只剩只言片语，他怎么也拼不起来它的整体。在那残存的书卷上，他看到了一只大鸟，一个渔夫，一个园丁；

后来，他看到了一棵神木，一个旅人，一个射手，一个神仙，一只蝴蝶。那些意象搅得他心里恍惚激动。读着它的七天七夜之前，也许他已经等了它三十年零三百天。到了第八天，他从书中醒来时，看见了一只凤凰，雌雄同身，先前他只在剪纸与锦绣上见过它，如今它就栖落在他的手上，他看见的是自己两只在书卷上飞动的手变成的凤凰。

1997年8月中旬，我曾有一次赴河南民权拜谒庄子故里的计划，因故搁浅。那个春秋战国时代的以仁义治国的宋襄公的宋国，那个公社年代栽植梧桐以治风沙如今盛产葡萄和酒的地域，写作时我会想到它们。在沙丘上静默的梧桐林，等待到了那传说中的凤凰了吗？听人说，民权有关庄子的东西其实不多，那个古时叫蒙城的地方，现在只有一座今人造的墓，还有一口庄子当年喝水的井，井水已干，依然深不可测。也就没有遗憾了吗？

不，还有一样东西被遗忘了，确切地说，它与庄子的联系更密不可分。它不是一种东西，而是一种精神——不是狂狷，不是浪漫，却一样平朴真实，犹如理想。

它就是那个故里的好听的名字。